自己実現・自己発見・自己表現のための

心のコミュニケーション

小島　茂
KOJIMA Shigeru

学文社

はしがき

この本は、自分自身との対話、つまり心のコミュニケーションを通じて、新たな自己発見をし、癒しや自己実現につなげることをねらいとしています。

そのための手法として、ごく簡単な絵と文を使った「ハートセラピィ」という自己表現方法を用います。ハートセラピィの英語名は、“HeArt Therapy”で、“HeArt”の、aをAと大文字にしてあるのは、こころ＝Heartと創作＝Artをかけているからです。文だけだと、心のよろいが取れません。絵だけだと、心の内面が掘り下げられません。絵と文をほどよくミックスすると、よりリラックスして、心の整理ができ癒されます。

この本は、これまで私がおこなってきた心のコミュニケーション講座をベースにしているため、中に、受講生の作品をアレンジしてできるだけ多く紹介しました。現在の世界最大のファミリー・エンターテイメント都市ラスベガスをつくったS・ウィンは、大人の心の中に眠っている子どもたちに語りかけたと述べています。この本も、読者の心の中に眠っている子どもに語りかけているので、一見、子どもが描いた絵のようにも見えますが、受講生は十代から八十代まで幅広い世代にまたがっています。

パラパラとページをめくって作品を見るだけでもなんとなく楽しい気分になります。一歩進めて、実際に自分でかいてみると、心が温まり、いっそうポジティブな気持ちになれます。以下、受講生の感想コメントからの抜粋です。

・自分の手を動かして絵や文をかくことで、そのときの自分の気持ちや考えが鮮明に紙の上に表れていった。そして全てかき終わった後、冷静に自分の作品を見返すと、不思議と自分が今抱えている問題やなすべきことが見え、その解決方法や取り組み方を探ることができた。
・絵を描くことによって前向きな気分になったし、周りの人たちに対する感謝の気持ちが強くなった。そして、これからも心のなかに素敵な景色が増えていくように毎日を大切に過ごしていこうと思った。
・絵と文を使って楽しみながら自分の人生を振り返ったり、周囲の温かさを再認識する思考法を学んだ。
・ふだん気づかなかった自分の姿や自分がどう生きてきたか、生きていきたいのかがわかった。
・よりよく生きるためにはこうした癒しの作業を通じリラックスして自己を見つめる時間をつくることが大切と思った。
・人生そのものについて深く考えることができた。感謝の気持ちが生まれてきて、これから頑張ろうと思えるようになった。

心のコミュニケーションに関する本は、「人間関係の中の自己分析」（東京図書）、「自分と出会う、生き方探し」（学文社）と並んで、これで三冊目になりました。これまでに一六の技法を紹介してきましたが、この本では新たに八つの技法を紹介します。

具体的な作業手順としては、最初に、各章で取り上げるテーマとそれに沿ったシンボルイラストが紹介されます。次に、ワークシートを用いて、指示に沿って、自分の心の中を絵と文で表現していきます。それが終わったら、受講生の作品と比較しながら、自分の作品を客観的に見つめ、自己発見や心の癒し度合いをチェックします。

この本は、第一部と第二部からなります。

第一部は定型のシンボルイラストを使ったもので、第一章では、デジカメを使って心の光景を撮ります。第二章では、銅像を用い自分の心のシンボルを見つけます。第三章では、風呂敷で和心を包み、日本の良さと日本人の誇りについて考えます。第四章では、立て札で見知らぬ人に想いを伝えます。

第二部は非定型のシンボルイラストを用いたもので、第五章では、手のひらで自分づくりをします。第六章では、ストリートで自分が輝く舞台を作ります。第七章では、パレットで色彩感覚を磨きます。第八章では、木の葉をモチーフに自然に触れ、夢を育みます。

この本で得た知識や技法は、自分自身のためだけではなく、家庭や職場、あるいは地域のコミュニケーションに役立てることもできます。各章の最後の「おわりに」で、そのためのヒントや具体的な方法が書かれていますので、参考にしてください。
最後に、これまでに講座を受講し一緒につくりあげてくれた多くの方々、この本に作品のエキスを掲載させていただいた受講生の方々、松居仁美さん、田辺敏行さん、富田順子さん、前田純代さん、清水裕泰さんをはじめハートセラピィ学会の方々、一緒に実践活動に汗水流してくれたゼミの学生たちにお礼を申し上げます。また、本書の刊行にあたって、原稿の重なる遅延にご辛抱くださり、前回同様、心を込めご尽力くださった学文社の田中千津子社長に深く感謝申し上げます。

平成十七年七月

小島　茂

目　次

第四章　「立て札」で想いを伝える　48

第二部

第六章　「ストリート」で自分の舞台を作る　83

第七章 「パレット」で色彩感覚を磨く 98

第一部

第一章　「デジカメ」で心の光景を撮る

1．はじめに

現在は、携帯電話にもデジカメがついて、写真を撮る機会も飛躍的に増えました。デジカメで撮った写真はすぐ送ることも、その場でプリントアウトすることも、保存してパソコンに取り込むこともできるのでとても便利です。

今回は、このデジカメをシンボルイラストに、実際の人や物や光景ではなく、「心の光景」を撮ります。心の光景ですから、そこに行かなくても、見えないものでも、未来のことでも、ありえないことでも、想像でなんでも撮ることができます。そして撮ったものを通じて、自分の記憶、興味、関心、大切な人や大切なこと、将来やってみたいこと、あるいは、今のこころの状態などがわかってきます。

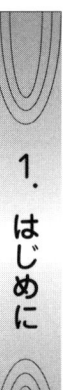

シンボルイラストのデジカメは、まず正方形を描いて、上半分に写真、下半分に説明文が入ります。右半分に写真、左半分に説明文でもいいでしょう。説明文にはなぜその写真を撮ったのか、撮りたいのか理由をかきます。（図1）

カメラの外回りに、頭と手足と尻尾をつければデジカメが「デジ亀」に変わります。単なるデジカメよりも、

こちらの方が遊び心があって面白いので、こちらでいくことにしましょう。（図2）
では、ワークシートの①から⑥の順にそって、デジ亀作品づくりのスタートです。（図3）

図 1

図 2

①街の光景	②消せないフィルム
③贈りたい写真	④イベントの企画
⑤こころの写真	⑥自己診断

図３．ワークシート（デジカメ）

2. 作品づくり

① 街の光景

最初に撮る写真は「街の光景」です。デジカメを持って街へ出かけたとしましょう。あなたは、どんな光景だったら思わずシャッターを押しそうですか？　当然、自分の目を引きそうな光景、ヒト、モノです。逆にいうと、それをかくことによって、自分の関心や興味が見えてきます。

そこで、実際、街に出かける自分の姿を想像しながら、かいてみてください。そして、なぜそれを撮ろうとするのか説明してください。

回答例―ブランコで遊ぶ子ども、見ていてかわいいから。

② 消せないフィルム

二番目に写す対象は、「消せないフィルム」です。デジカメのフィルムの数は決まっていて、それを超えると前のフィルムを消さなければなりません。しかしどうしても消したくない、心に残しておきたいフィルムがあります。いわばいつまでも取っておきたい永久保存版のフィルムです。あなたにとってはとても大切なものです。それは何ですか？

回答例―入学式、親子揃って撮った晴れやかな写真だから。

③ 贈りたい写真

三番目のフィルムは、大切な人に贈りたい写真です。説明文は、

「～さんへ。（　　　　　　　　）を贈ります。（　　　　　　　　）しているところです。」

という形式にするといいでしょう。

あなたの場合、贈りたい人はだれですか？　その人は何を贈ったら一番喜んでくれそうですか？

回答例―亡くなったおじいさんへ、無事に大学生活をおくっているので、安心してください。

④ イベントの企画

四番目のフィルムは、これからおこないたい「イベントの企画」です。近いうちに、仲間や家族と、どんなことをしてみたいですか？　みんながワクワクするようなオリジナルイベントを企画してみましょう。企画するだけで楽しくなります。

回答例―風船で空を飛ぶ、メルヘンチックだから。

⑤ こころの写真

五番目のフィルムは、自分の心の状態です。デジカメで心の中が撮れるとしたらどんな感じでしょうか？　ハートをかいて、表情をつけてみてください。ハートの中の表情も違ってきます。その理由もかいてください。

回答例―ハートがひび割れ、失恋中だから。

⑥ 自己診断

最後に、自己診断のためのチェック項目です。

（1）いろいろな写真をかいてみてどんな自己発見、再発見がありましたか？

（2）写真の絵に個性や自己主張がありましたか？　首尾一貫性はありましたか？

（3）作品をつくり終わってみてどんな気分ですか？　癒しはありましたか？

3. 作品紹介

では、受講生の作品を見てみましょう。

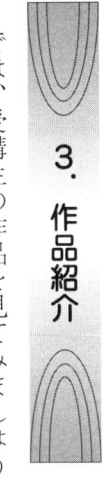

赤いモノ

赤をテーマに街中の小物を撮ってみたい。赤はインパクトのある色。

おじいさんとおばあさんが手をつないで歩いているシーンは微笑ましい。

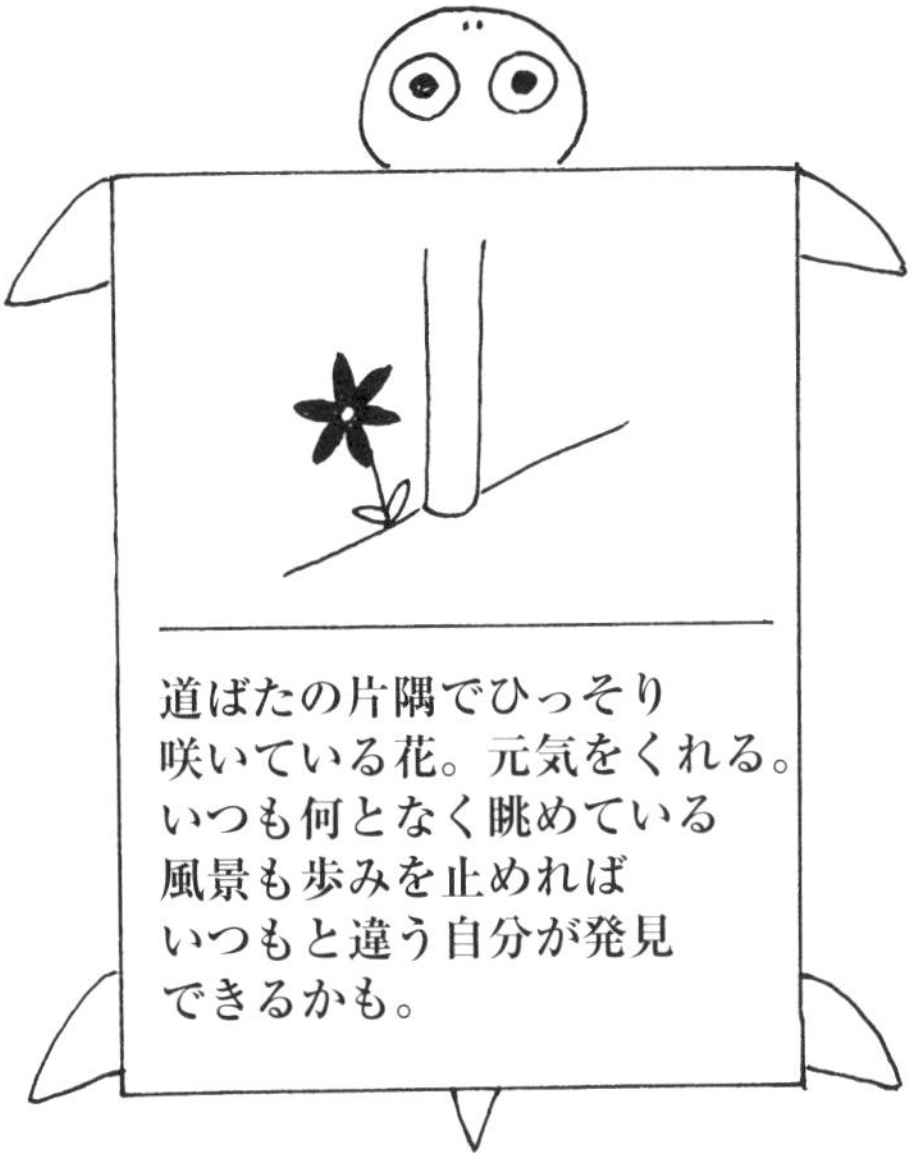
道ばたの片隅でひっそり
咲いている花。元気をくれる。
いつも何となく眺めている
風景も歩みを止めれば
いつもと違う自分が発見
できるかも。

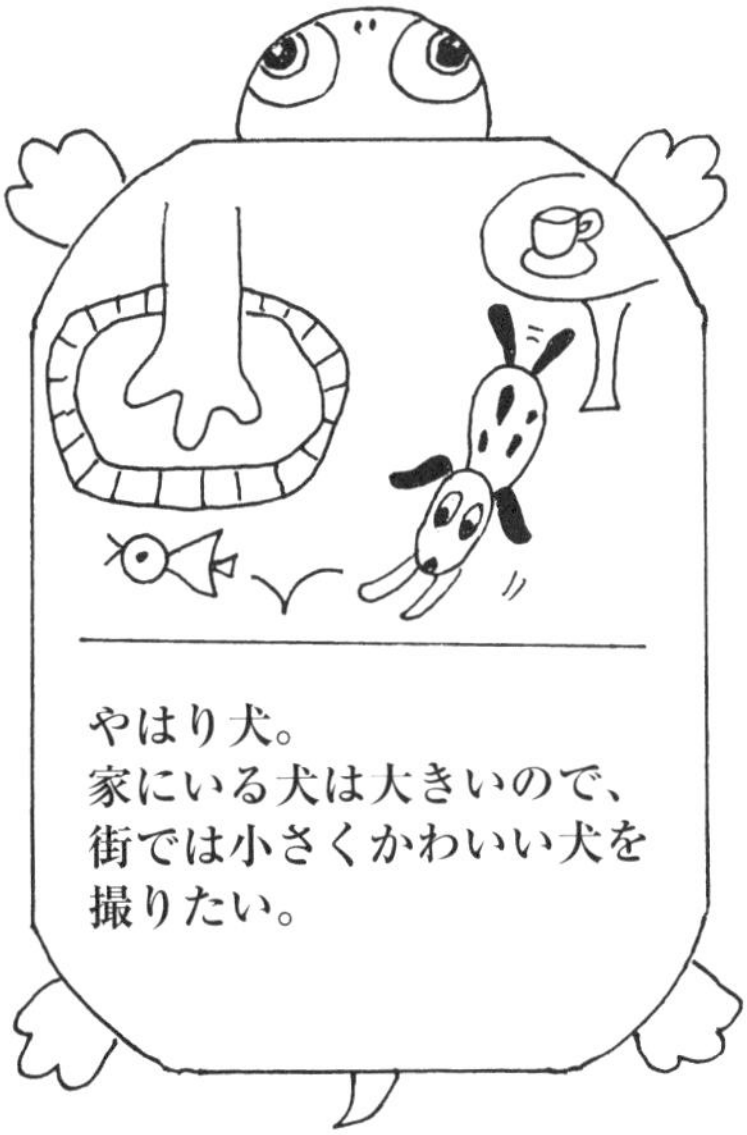
やはり犬。
家にいる犬は大きいので、
街では小さくかわいい犬を
撮りたい。

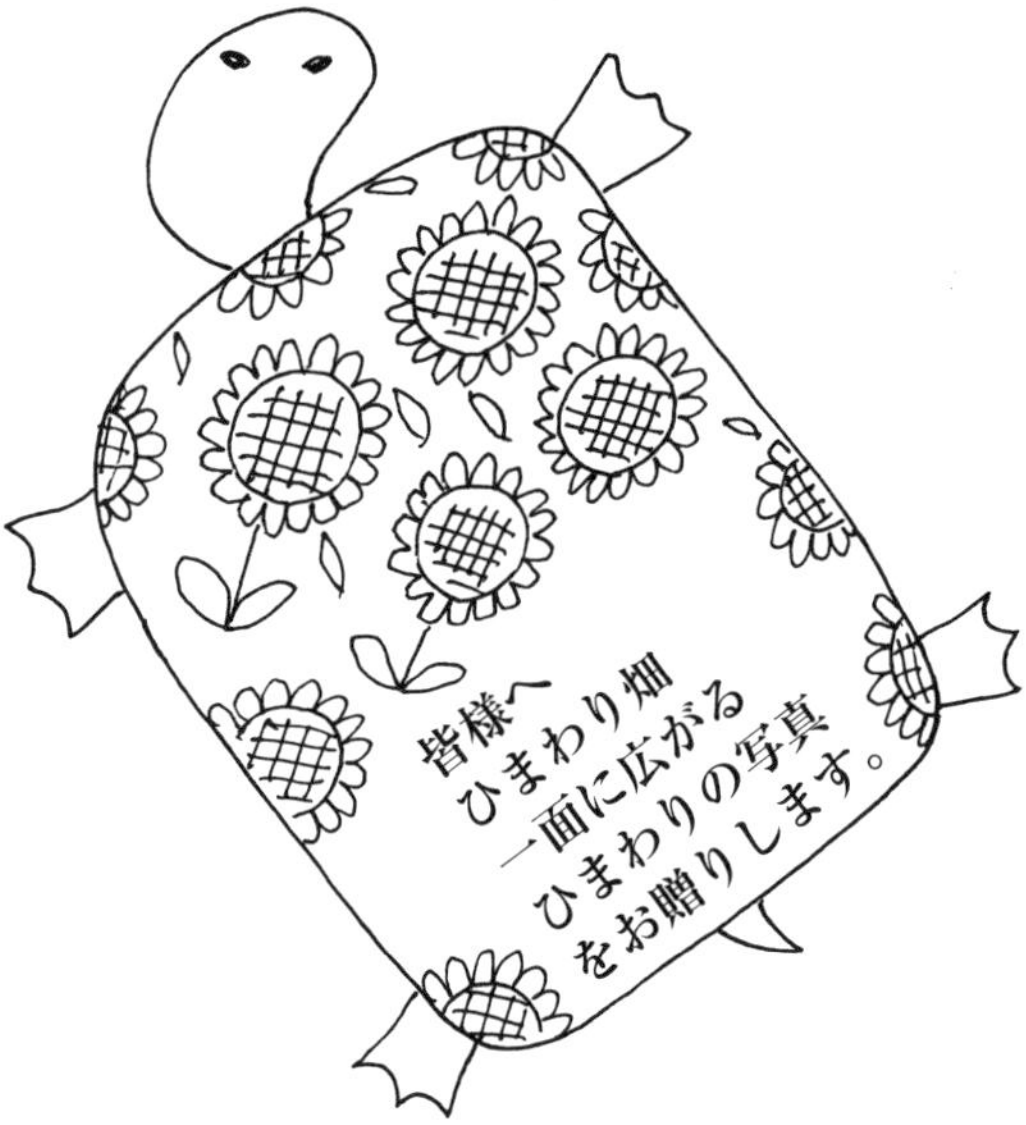
皆様へ
ひまわり畑
一面に広がる
ひまわりの写真
をお贈りします。

お母さんへ
子どもが生まれました。
お母さんはずっと孫を
楽しみにしていました
ね。お待たせしました。
娘より

地元の友へ
この夏、富士山に初登頂に成功しました。感動です。最高の瞬間の写真をお贈りします。

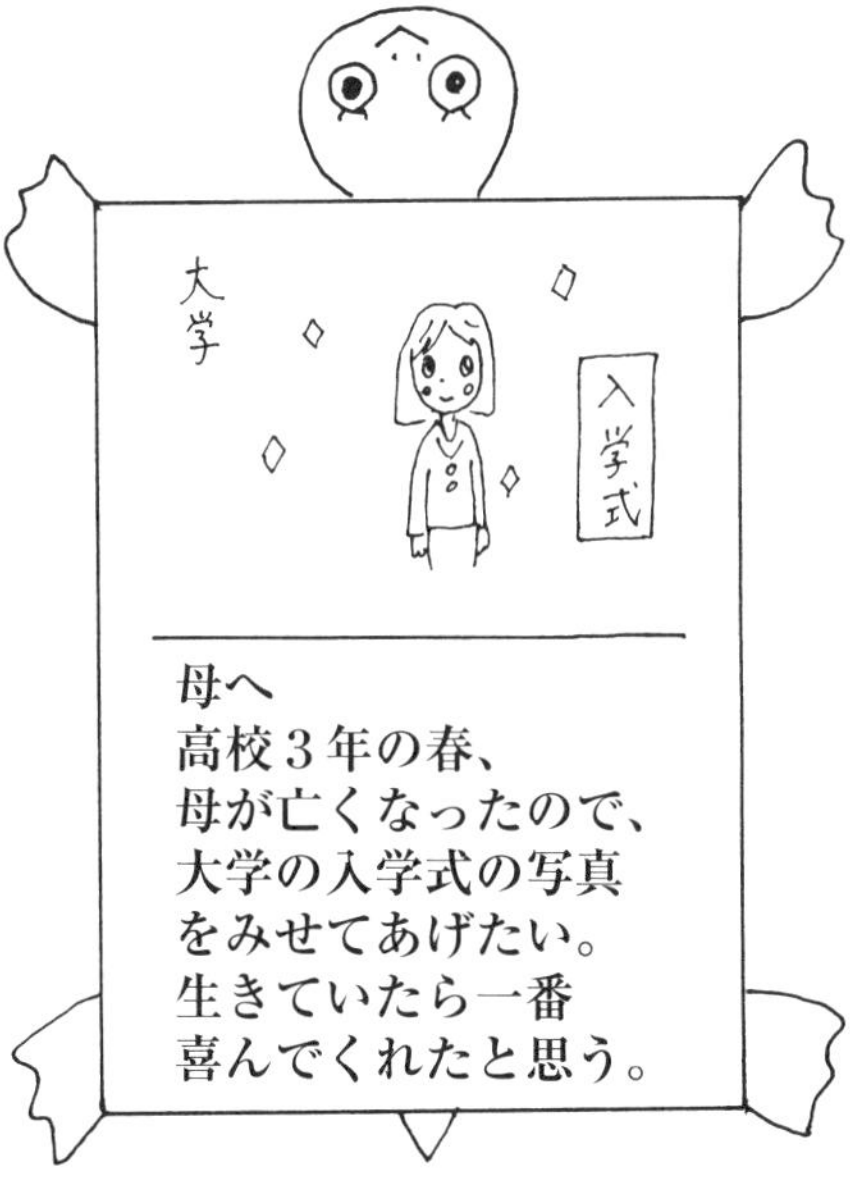
大学
入学式
母へ
高校３年の春、
母が亡くなったので、
大学の入学式の写真
をみせてあげたい。
生きていたら一番
喜んでくれたと思う。

亡くなってしまった愛犬との最後のツーショット。亡くなる前はどんどん衰えて苦しそうだった。亡くなった日は泣き崩れた。

京都での結婚式。
ふたりとも和風で、もともと神前結婚式に憧れていた。

発表会
小学校の発表会の時に、撮った写真。しっかり応援してくれた。今は亡きおじいさんの手が妙にあたたかかった。

短大の卒業式。部活の後輩からメダルと賞状をもらい、部室の前で２年生全員で撮った写真。一生の思い出です。

●イベントの企画

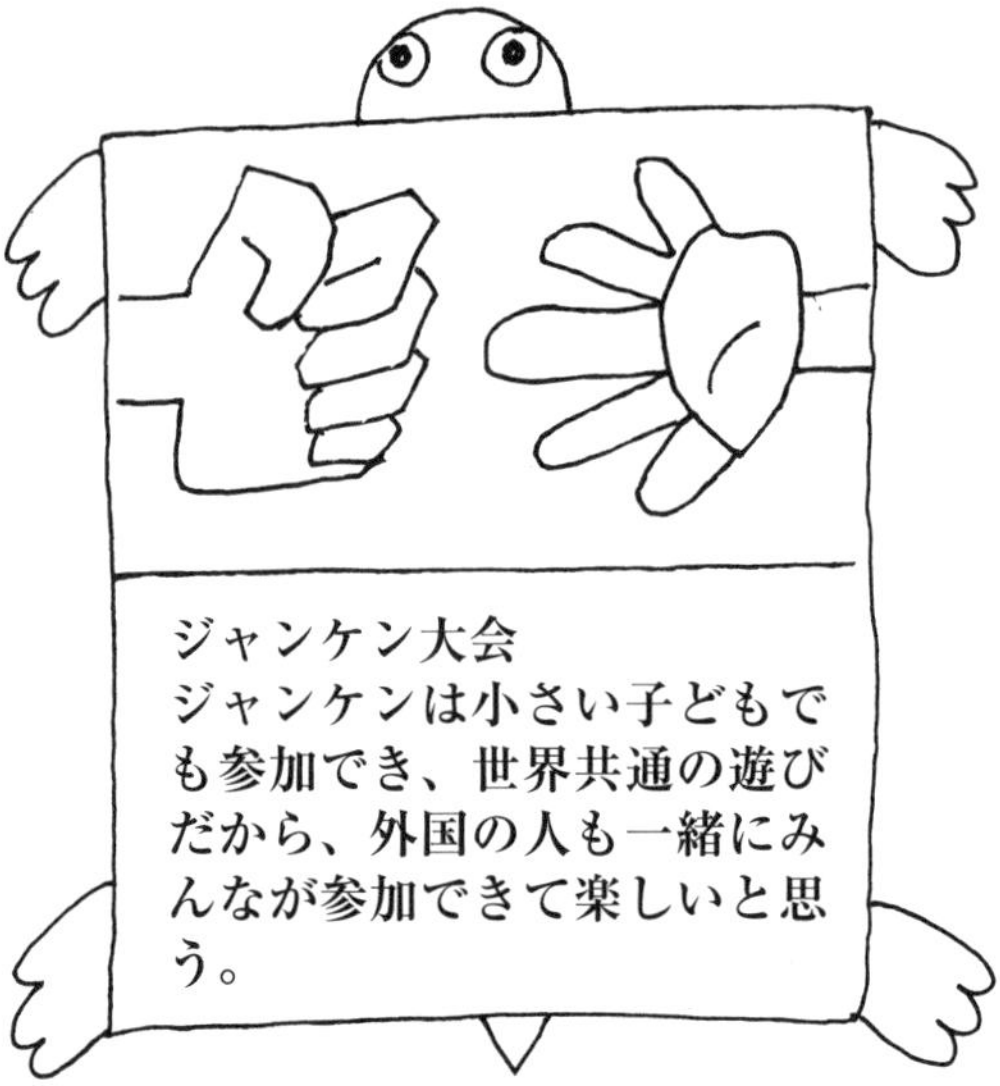
ジャンケン大会
ジャンケンは小さい子どもでも参加でき、世界共通の遊びだから、外国の人も一緒にみんなが参加できて楽しいと思う。

お菓子の家づくり
ケーキの家など、すべてお菓子で家をつくる。

ペンギンと
クリスマス
パーティ
をやって
みたい。

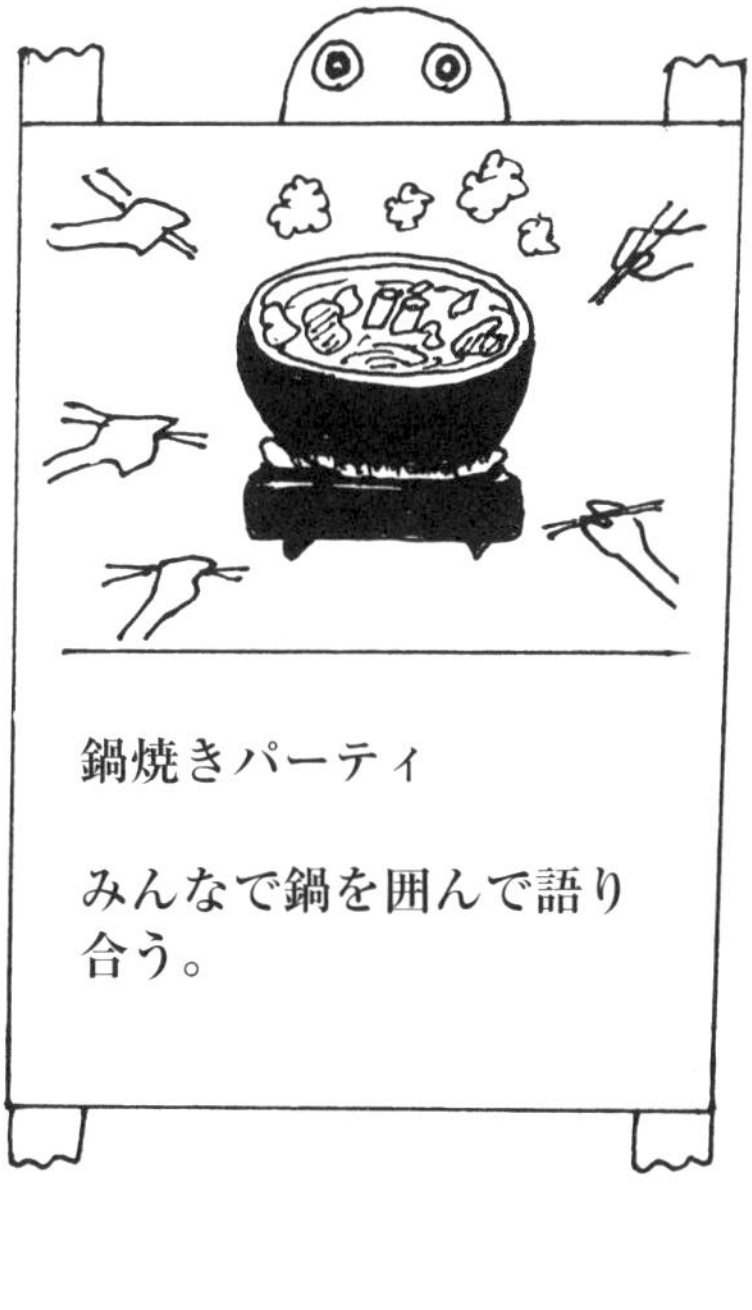
鍋焼きパーティ
みんなで鍋を囲んで語り
合う。

めっちゃ元気！
家族、友人、先輩、上司
周囲に支えられ励まされ、
感謝、感謝。

どっちにも気があってマズイ。遠距離の相手には申し訳ない気持ちでいっぱい。
今、心がとてもすさんでいる。

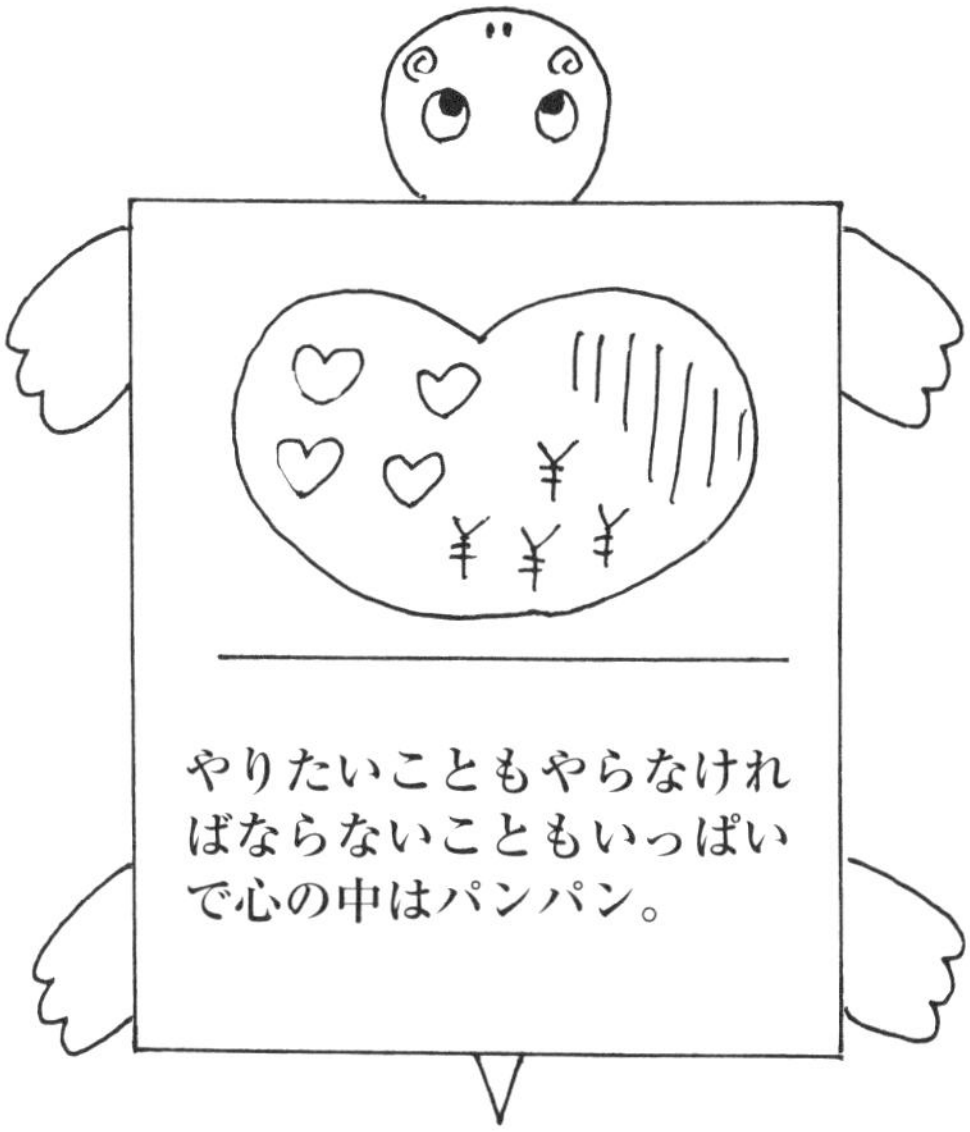
やりたいこともやらなければならないこともいっぱいで心の中はパンパン。

数日前、飼っている犬が事故にあい怪我をしてしまって少し落ち込んでいる。
早く良くなって欲しい。

●自己診断

・デジカメの亀に癒された。たくさんの消せない思い出とたくさんの大切な人たちに囲まれ幸せだと気づかされた。
・私は人との触れあいなしには生きていけないと思った。
・こころの中に秘めていた場面や思いがそのまま表現できて爽快な気分。
・心から自分のことを心配したり気にかけたりしてくれる人にとても感謝している自分に気づいた。
・デジカメを通じて、自分にとって大切なモノ、心の中に残っているモノがわかった。

●コメント

こころ暖まる写真が多く、見ていて癒されます。イベントの企画も夢があってとても楽しそうです。こころの写真は、プラスマイナスが拮抗していて、まるで天気のようです。雨の時はこころもゆううつ。でもいつまでも続く雨という日はないので、必ず晴れるという希望を持っていきましょう。

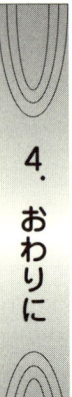

4. おわりに

昨年の秋、ハートセラピィ学会で、「デジカメで心の光景を撮る」のワークショップをおこないました。3名の方に壇上に上がってもらい、消せないフィルム、贈りたい写真、こころの写真などについて、色紙にマジックで書いてもらいました。次に、それをプロジェクターで大スクリーンに映し出し、各自説明してもらいました。子育て中の女性は、子どもと仲が良く夫が疎外されているご自身の家庭事情をユーモラスに語り、管理職の男性は、病院通いをしながらの仕事のプレッシャーを傷だらけのハートに託して、おふたりとも会場の笑いを誘っていました。

写真展はいろいろなところで開催されています。でも、デジカメを使った、こころの光景の写真展はほとんど見かけません。やってみたら、おもしろいと思いませんか？　ワークシートでなく、色紙に書いてもらうと、家庭や職場、学校でそのまま写真展が開催できるのがいいですね。

第二章 「銅像」で心のシンボルをつくる

1. はじめに

駅前、ビル、公共施設、公園などいろいろなところに銅像が立っています。思い返すと、小学校にもありました。商店街にもありました。旅先でも見かけました。

銅像は、多くの場合、その像を称えるためにつくられています。創立者、偉業を成し遂げた人、その地と縁のある歴史上の人などさまざまです。有名でなくても、親子、母子、子ども、裸婦、戦士などの芸術作品が飾られていることもあります。

人物以外で思いつくのは動物でしょう。渋谷駅前にあるハチ公は飼い主を死後も待ち続けた忠犬として、今も大勢の人々に親しまれています。

今回は、こうした銅像をシンボルイラストに、心の中で、さまざまな人やモノの銅像をつくっていきます。実際の銅像からスタートして、だんだんと自分自身に近づけ、最後に、自分のシンボルをつくります。

銅像は、土台の台形と円形で、円の中に銅像を、土台の中に説明文を書きます。（図1）

では、ワークシートにそって、①から⑥の順番で作品づくりを進めていきましょう。（図2）

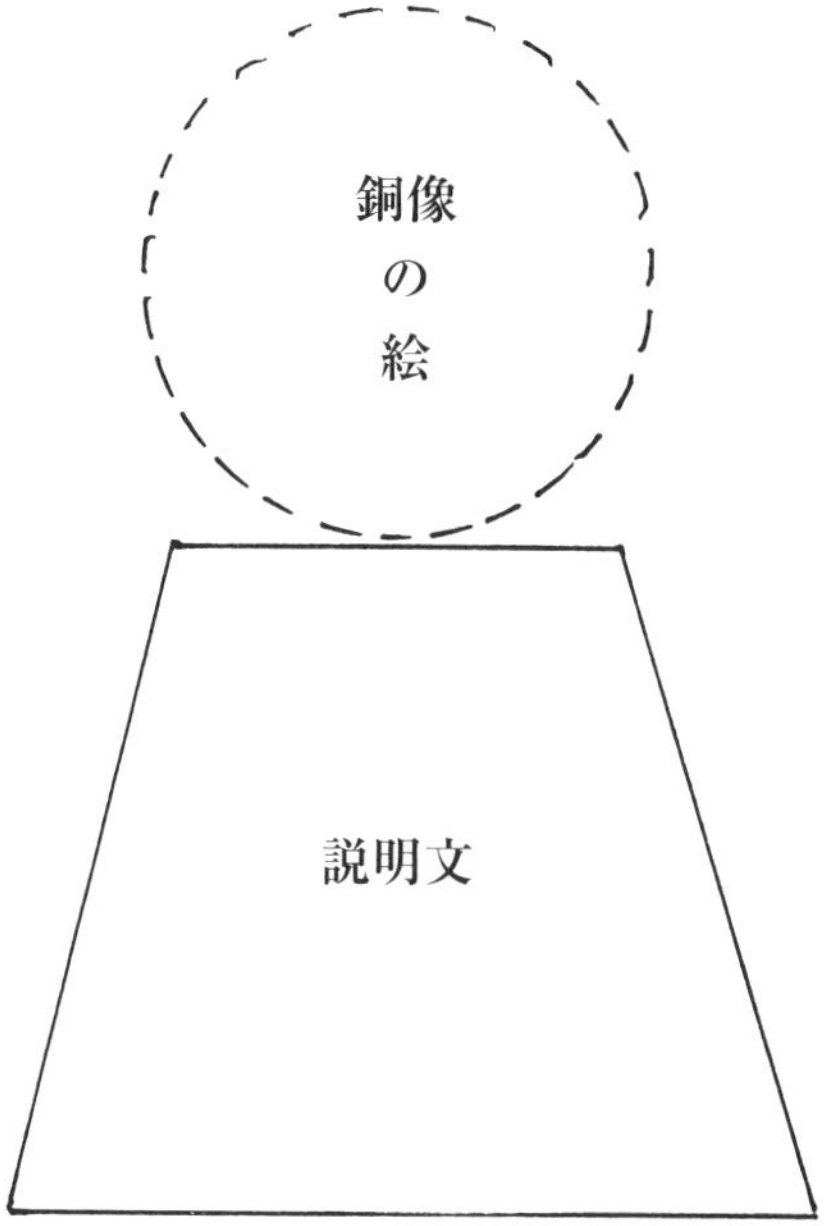

図　1

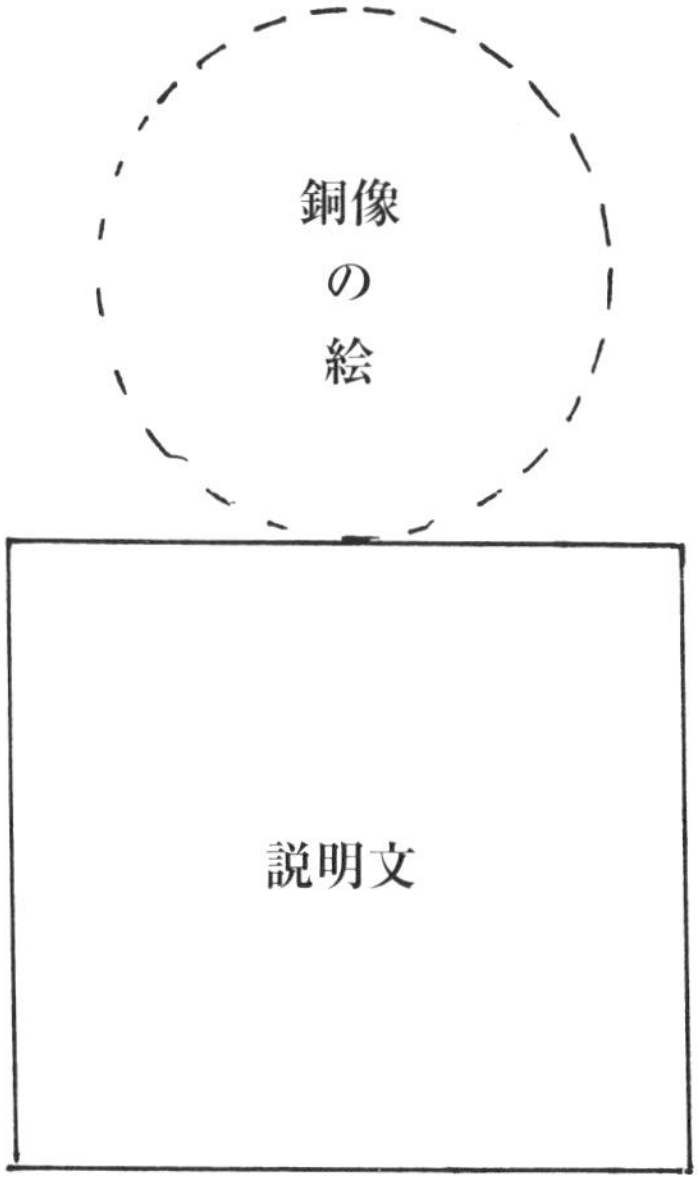

①記憶の中の銅像	②スポーツ選手の銅像
③恩師・恩人の銅像	④家族の銅像
⑤自分のシンボル	⑥自己診断

図２．ワークシート（銅像）

2. 作品づくり

① 記憶の中の銅像

あなたの記憶に残っている銅像をかいてください。思いついた銅像でもいいでしょう。そして、その銅像の説明も一緒に書いてみてください。

② スポーツ選手（有名人）の銅像

次に、スポーツ選手の銅像です。多くの人は、オリンピックや大リーグ、サッカーワールドカップなどに熱中し、選手から活力をもらいます。まだ銅像にはなっていないけれども活躍していて自分も元気づけられた、励まされた人をスポーツ選手から一人選んで、銅像にして称えてあげてください。スポーツ選手がよくわからない場合は、映画スターなど他の有名人でもかまいません。

③ 恩師・恩人の銅像

今度は、恩師、恩人の銅像をつくります。人生において、自分を鍛えてくれた人、方向性を与えてくれた人、育ててくれた人、命を救ってくれた人たちです。家族は次に取り上げますので、ここでは、家族以外の人を思い描いて下さい。

④　**家族の銅像**

次は、家族の銅像です。家族の中で一番銅像にしたい人はだれですか？　一番頑張っているのはだれですか？　一番影響を与えたのはだれですか？　一番誰に感謝したいですか？

⑤　**自分のシンボル**

今度は、自分のシンボルを銅像にします。あなた自身を象徴するものは何でしょう？　スポーツ、趣味、宝物、夢など、自分のシンボルを絵にしてください。そしてその説明も加えてください。

⑥　**自己診断**

最後に、自己診断です。①～⑤の絵に共通していることはありましたか？　書き進めていくうちに自分の気持ちはどう変わっていきましたか？

3．作品紹介

では、受講生の作品例を見てみましょう。

●記憶の中の銅像

アンデルセン童話に登場する人魚姫像
ＪＲ草薙駅前ロータリーに立っている考える犬の像
考える人銅像
小学校の校庭にあった二宮金次郎の銅像

●スポーツ選手（有名人）の銅像

シンクロナイズ
スイミング
オリンピックでは銀
だったけど、踊りは
優雅だった。

若きサムライたちが
国際舞台で、活躍し
ている。その筆頭が
イチロー。記録更新
おめでとう。

オリンピック
ゴールドメダリスト

お二人とも体が小さい
のに、本当に凄い。マ
ラソンに対するひたむ
きな姿勢がとても素敵
です。

オードリー
ヘップバーン
女優で活躍し
た後、ユニセ
フでも国際的
に活躍。

おかげさまで
つまらないもの
ですが…。
どうも どうも
中国で、２年間、日本語を丁寧に教えてくださった先生のご恩は一生忘れません。

ミニバレーの先生
スパルタ教育だったけれども、とても可愛がってくれました。どうも有り難うございました。

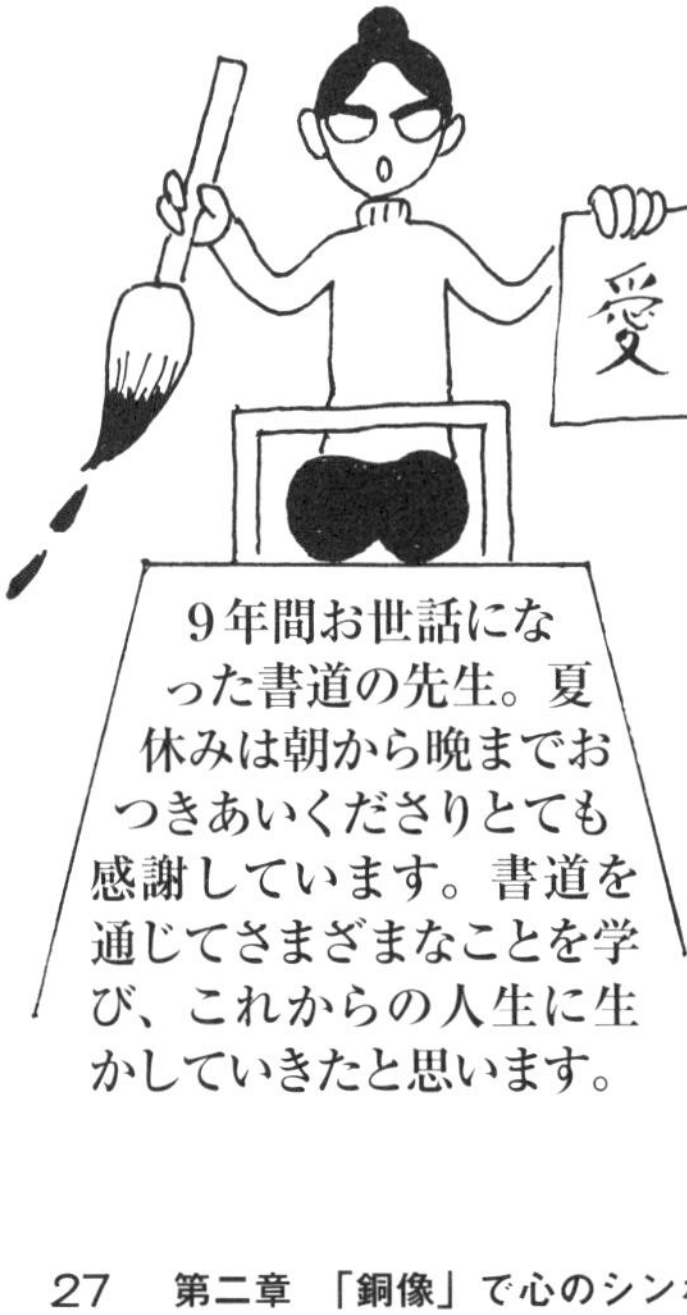
愛
９年間お世話になった書道の先生。夏休みは朝から晩までおつきあいくださりとても感謝しています。書道を通じてさまざまなことを学び、これからの人生に生かしていきたと思います。

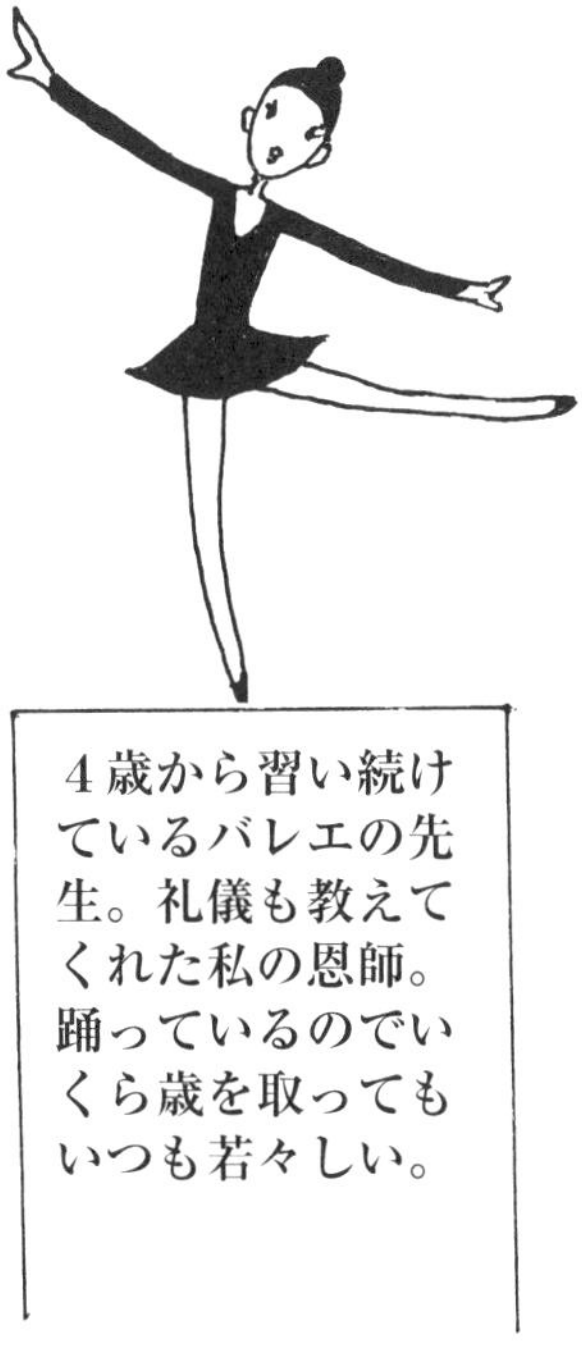
４歳から習い続けているバレエの先生。礼儀も教えてくれた私の恩師。踊っているのでいくら歳を取ってもいつも若々しい。

わが家の愛犬
家族の一員です。
皆に愛されぬく
ぬく育っていま
す。

いつも冷静で
しっかりしている、
私の姉のような妹。
いろいろな話聞いて
くれてありがとう。こ
れからもこんな姉を
よろしく。

日本に来る前に、両親
と北京空港にいたとき、
バイバイといったら泣
き出しました。子供が
教育を受けるためなら、
いくら苦労をしても構
わない。父母が教えて
くれた教育の大切さは
一生忘れられない。

お母さん誕生日おめで
とうございます。今年も
日本にいるため、側でお
祝いしてあげられなくて
ごめんなさい。でも私の
心はいつもお母さんの側
にいます。いつまでもお
元気でいてください。

走る足

走ることが好き。
自分を信じること。
自分をあきらめないこと。

たまご

私はまだ何も決まっていないたまごのような状態です。早くひよこになって、それからニワトリになれるよう頑張っています。

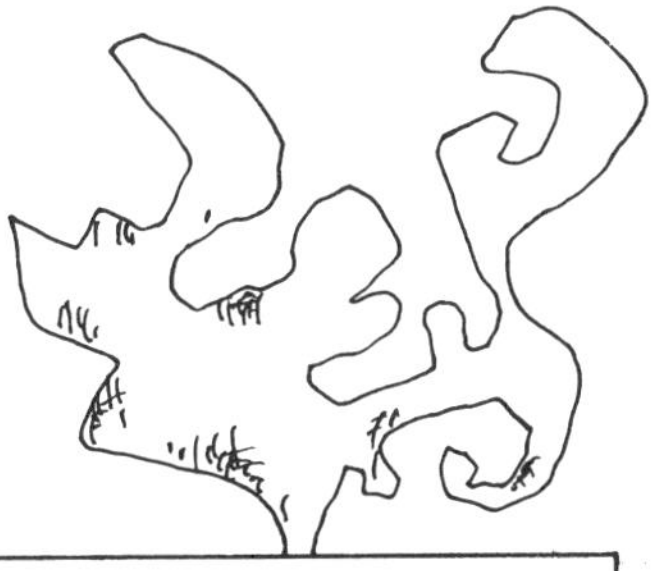

混迷

今は、いろいろなことに悩みすぎて、心の形がぐちゃぐちゃになっている。ひとつひとつ問題を解決して、きれいな丸い形の銅像になれたらと思います。

好奇心

自分の心に大きな器をもって、好奇心旺盛にものごとを受けとめ、チャレンジしていきたい。

●自己診断

・銅像は自分の心のどこかで尊敬したり、憧れたりしている人たちを明らかにしてくれた。
・スポーツ選手は自分の好きな人の顔がすぐ出てきてとても楽しかった。
・自分の信じているもの、尊敬しているものが見えてきた。
・強く影響を受ける人は、自分の信念を貫くことができる人であることがわかった。これからは、もっと多くの人と触れ合って、感動したり、影響を受けたりして一回りも二回りも大きな人間になり、自分に強く自信をもてるようになりたい。
・尊敬する先生から受けた影響はとても大きいという発見があった。
・今回かいた人は自分に影響を与える対象であると同時に、私自身がこんな風になりたいという目標でもあると思う。
・自分自身がだれかに銅像にしてあげたいと思われるような素敵な人になって輝いてみたい。
・自分が何かしてあげたい、元気やパワーをあたえたいと思っていることがわかった。そうしている人たちを目標にしていることもわかった。
・いいものを持っている人生の先輩からいいところを学び、どんどん取り入れていきたい。自分自身をよく見つめる機会をつくり、個性をもっと探求して、誰も真似できない自分だけの人生を歩みたい。

●コメント

スポーツ選手の銅像は身近ということもあってスラスラかけたようです。

私たちがスポーツ選手から強い影響を受けるのは、分野は違っても、自分の好きな道で、自分の才能をフルに生かし、国際社会の中で堂々と戦っているという自己実現の究極の姿を見るからでしょう。ただ、自己実現といっても、バレーやサッカー、シンクロのように個人ではなくチームワークが欠かせません。たとえ個人技であっても、背後には、監督、同僚、ファンなど、数多くのサポーターがいます。勝利選手が、インタビューで皆様の応援のおかげですというのも、自己実現が実は自分だけでなく多くの人々によって支えられていること、そうした人々との協働事業であることを物語っています。

4．おわりに

ここに描かれた銅像をミニチアでもいいから粘土でつくって、街に展示したら地域コミュニケーションにつながります。自分のシンボルの銅像は抽象の彫刻作品として並べたら、通りも賑わいそうです。

実をいうと、「記憶の中の銅像」に出てくる考える犬は、２０００年に、地域のシンボルキャラクターとして、JR草薙駅前に建てた作品です。ユーモアアートのひとつで、近くにある静岡県立美術館のロダンの考える人と渋谷駅前にあるハチ公をドッキングさせました。八公の半分で、四公という名前にしました。

建てた当初は何の犬かわかってもらえず、注目されませんでした。そこで、側に次の看板を立てました。

「考える犬（思考）―地域の守護神―
犬の頭をなでてみてください。
犬の目をさすってみてください。
犬の尻尾にふれてみてください。
きっといいことありますよ。
考える犬はいつもまちとあなたのことを考えています。」

そのうち、地域の子どもたちがおもしろいと騒いでくれるようになりました。そして、今では、子どもたちはもとより多くの住民や訪問客に親しまれています。石像の前で、記念写真を撮る人々もいます。頭をなでると頭がよくなるという噂が広まり、頭をなでていく人もときどき見かけます。

ただ、この考える犬は実は銅像ではなく石像です。石像なので雨風でだんだん腐蝕します。ハチ公のように、いつか、銅像にすることが私の夢です。

第三章　「風呂敷」で和心《こころ》を包む

1. はじめに

私たちは、おみやげなど、ちょっとしたモノをもっていくときに、手提げ袋を使いますが、昔の日本人は風呂敷を使っていました。風呂敷の語源は、風呂に行くときに衣服を包む敷物から来ているといわれています。かつての日本の部屋が食堂、リビング、寝室を兼用したように、風呂敷も衣類ばかりでなくなんでも包むことができ、懐が深いのです。今回はそんな風呂敷をシンボルイラストにして和心を包んでみましょう。

私たちはみな日本人の遺伝子＝ＤＮＡをもっています。日本で生まれ、日本に育んでもらいました。しかも、日本は自然が美しく伝統文化があって魅力的な点が少なくありません。ですから、ふだんあまり考えない日本について考えると、とてもこころが和らぎます。

もちろん読者の中には留学生をふくめ外国人の方もいらっしゃるでしょう。皆、縁あって日本にやってきました。この作品づくりを通じて、一緒に日本の良さや素晴らしさを発掘してみてください。

シンボルイラストの風呂敷の基本形は正方形です。（図1）　包むと袋のようになって上に結び目がつきます。（図2）

ワークシート（図3）の①から⑤までは、正方形の風呂敷、⑥は包んだ状態の風呂敷を描きます。では、順番に従って、作品づくりを進めましょう。

図　1

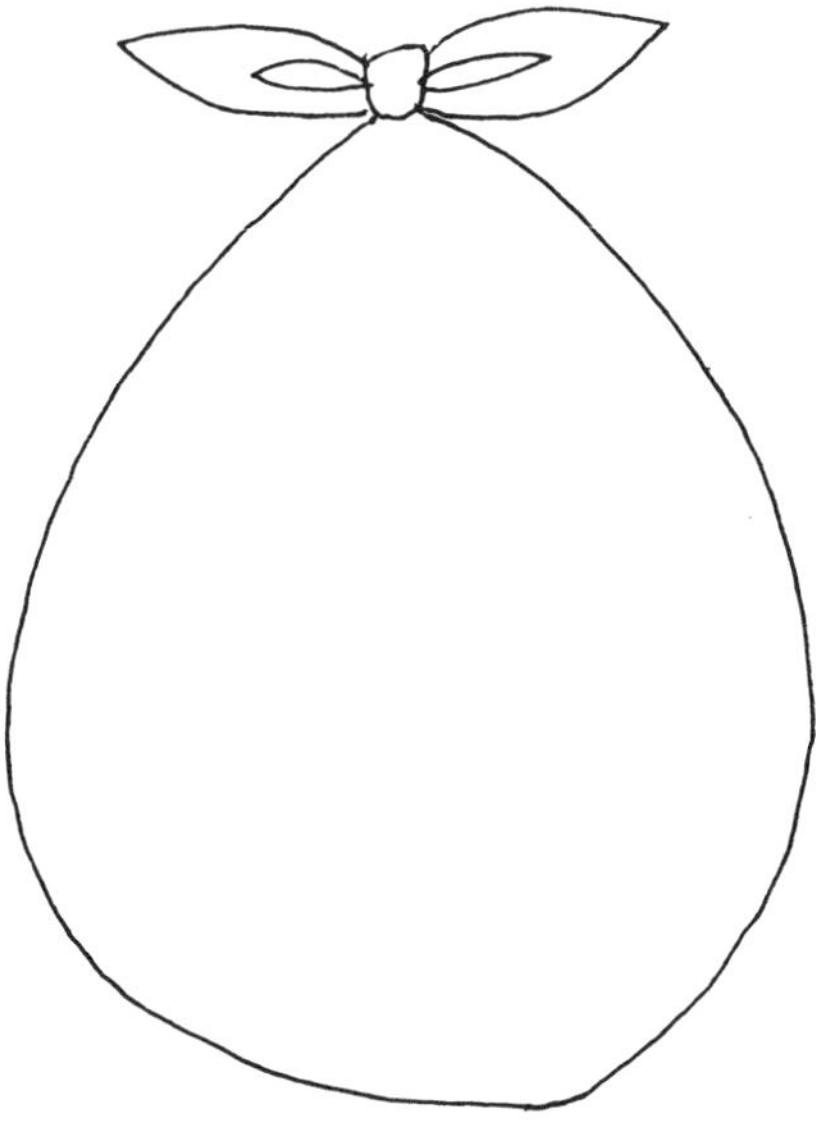

図　2

①日本の四季を包む	②日本の食を包む
③日本の住まいを包む	④日本の旅を包む
⑤和ごころを包む	⑥日本のおみやげを包む

図３．ワークシート（風呂敷）

2. 作品づくり

① 日本の四季を包む

はじめに包むものは日本の四季です。世界には常夏の国もあれば、砂漠の国もあり、極寒の国もあります。その点、日本は自然豊かで四季があり、とても恵まれています。そして俳句にも食事にも和服にも四季が反映されています。

では作品づくりです。風呂敷を広げて4等分し、春秋夏冬にかきわけます。それぞれの季節の特徴や魅力を絵にかき、簡単に説明してください。

② 日本の食を包む

次に包むものは日本の食です。日本人は世界でも有数の長寿国です。その理由のひとつがおいしく栄養価の高い和食です。和食というとあなたはどんな食事を思い起こしますか?

四季のときと同じように、風呂敷を広げて、思いつく和食をかいてください。代表的なものをひとつでもふたつでもそれ以上でもかまいません。

③ 日本の住まいを包む

三番目に包むものは日本の住まいです。木造建築、和風庭園、和室、茶室、塀、屋根瓦、縁側いろいろ浮かびます。風呂敷を広げてかいてみてください。

④ 日本の旅を包む

四番目に包むのは、旅で訪れたい場所です。日本らしさを満喫できる旅先、場所、風景としてどこを思い浮かべますか？　風呂敷を広げてかいてみてください。

⑤ 日本人のこころの美を包む

ラフカディオハーンは日本に来て、自然の美しさ、街の美しさ、文化伝統の素晴らしさに感銘しました。しかしなんといっても一番魅了されたのが日本人の美しい心でした。日本人の心の美しさとして、礼儀正しさ、正直、誠実、親切心、清潔感、勤勉さなどがあげられます。戦前までは、公共心、国を愛する心、勇気もありました。あなたはどうでしょう？　風呂敷を広げ、表にして採点してみましょう。

⑥ 日本のおみやげを包む

最後に包むものはおみやげです。日本は歴史、伝統文化があり地方色も豊かなので、海外に行く場合もおみやげには困りません。あなただったら、日本を代表するおみやげとしてなにを持っていきますか？　風呂敷に包んでください。

⑦ **自己診断**

自己診断のためのチェック項目です。

（1）日本および日本人についてどんな自己発見、再発見がありましたか？
（2）絵に和心が込められていましたか？
（3）作品を作り上げてみてどんな気分ですか？　日本が好きになりましたか？

3．作品紹介

では、受講生の作品をいくつか紹介します。

●日本の四季を包む

・春は桜、夏は海、秋は紅葉、冬はこたつでみかん。日本ならではです。
・春は私の誕生月でもあり好き、特に昔草むらで見つけたつくしが強く脳裏に焼きついている。夏は照りしきる太陽の中、百円を手にアイスを買いに行ったこと。秋は、すすきが秋風に吹かれ、それをお月様が照らしている風景。冬はスノボー。何十回転んだか分からないけれど今は楽しい思い出。
・春はミツバチ、夏は蝉、秋は赤とんぼ、冬はみんなみの虫。

春は桜、夏は風鈴、秋は中秋の名月、冬は雪ダルマ

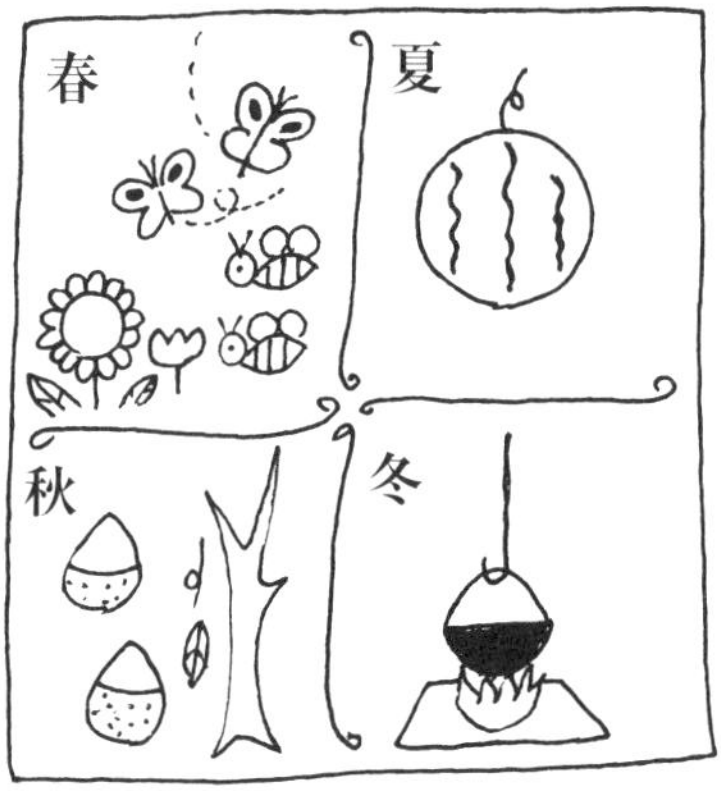

春は花、夏はスイカ、秋はクリ、冬は鍋物

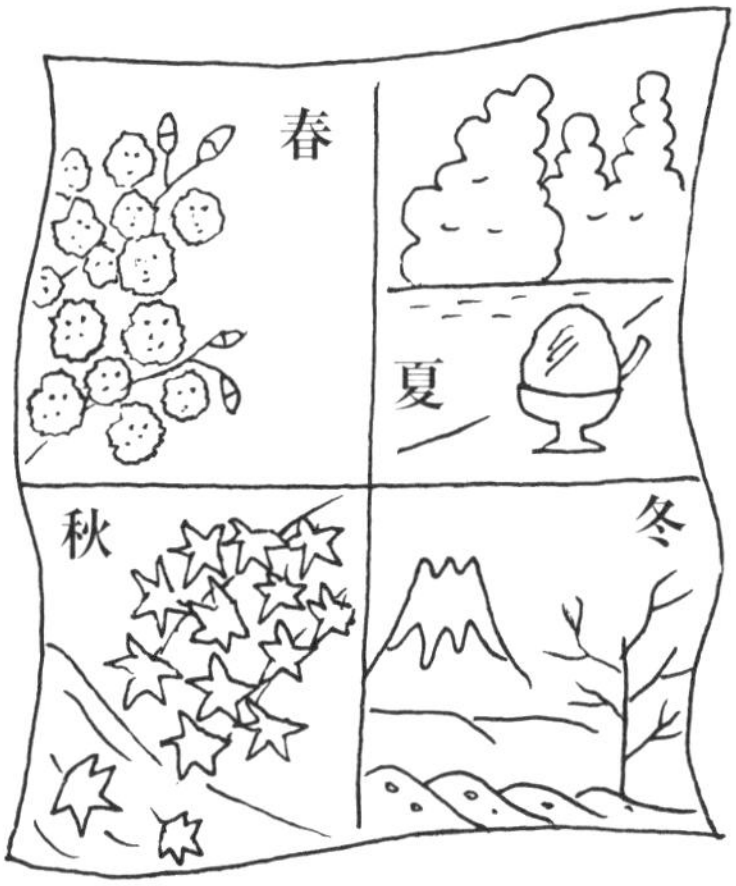

春は桜、夏は入道雲、秋は紅葉、冬は富士の雪化粧

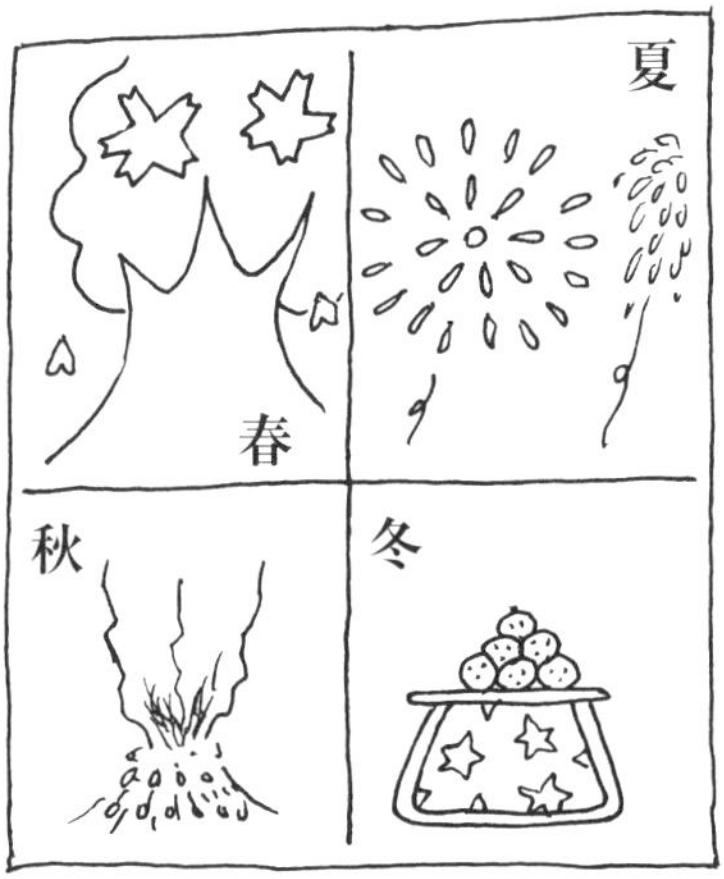

春は桜、夏は花火、秋はたき火、冬はコタツにミカン

● 日本の食を包む

・ご飯とみそ汁は、疲れた心と体をリセットしてくれる。それに納豆と季節の焼き魚がつけばもう幸せ。日本食はヘルシーでおいしく素晴らしい。

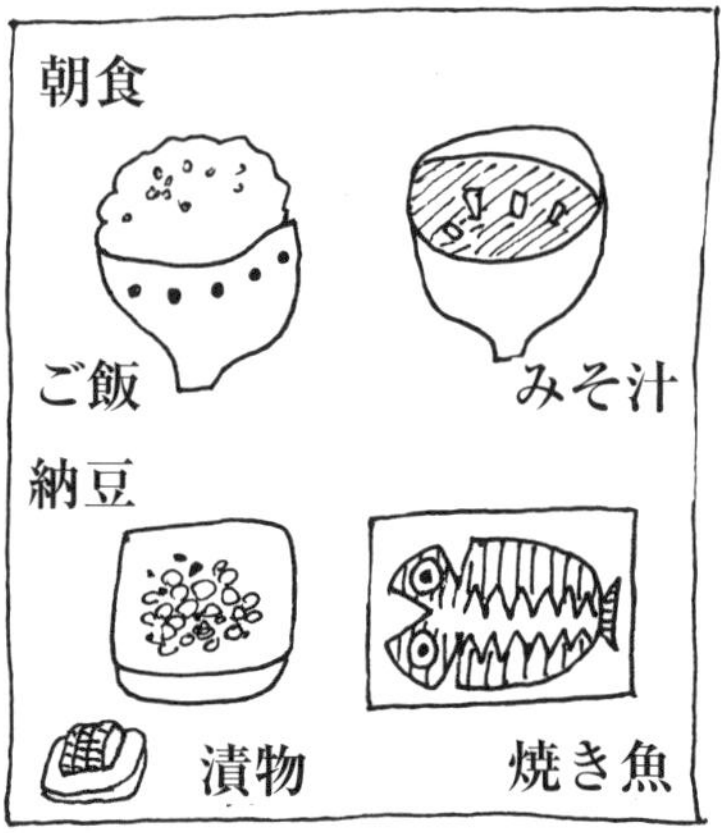
朝食
ご飯
みそ汁
納豆
漬物
焼き魚

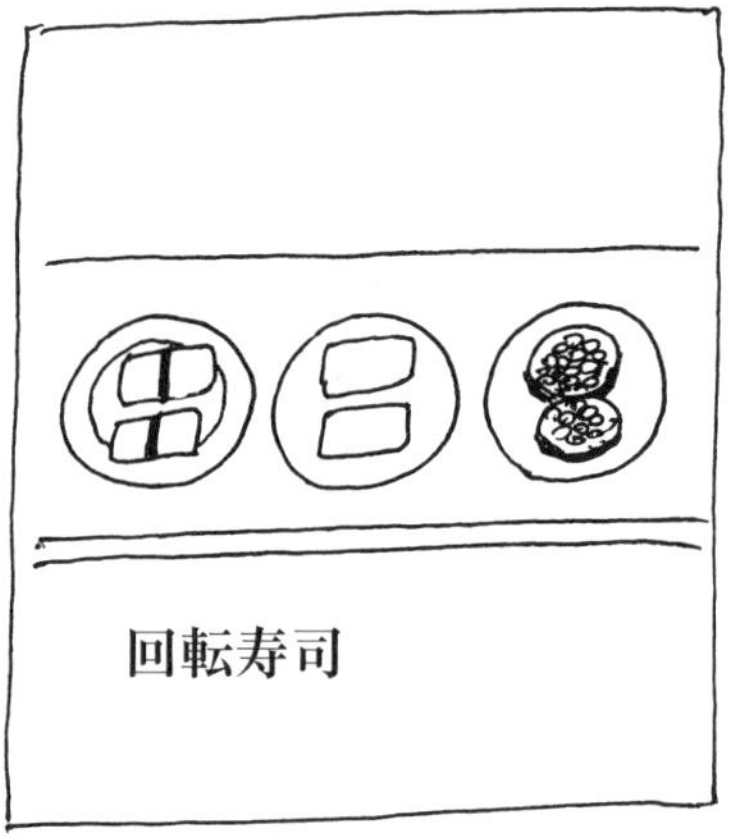
回転寿司

おしるこ
うな重
おはぎ
焼き鳥

おでん
鍋物
お酒
お造り

●日本の住まいを包む

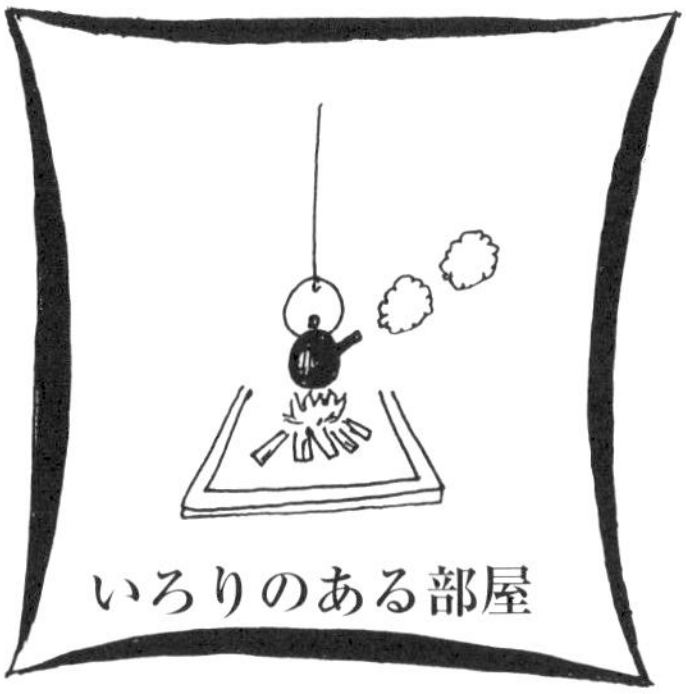
いろりのある部屋

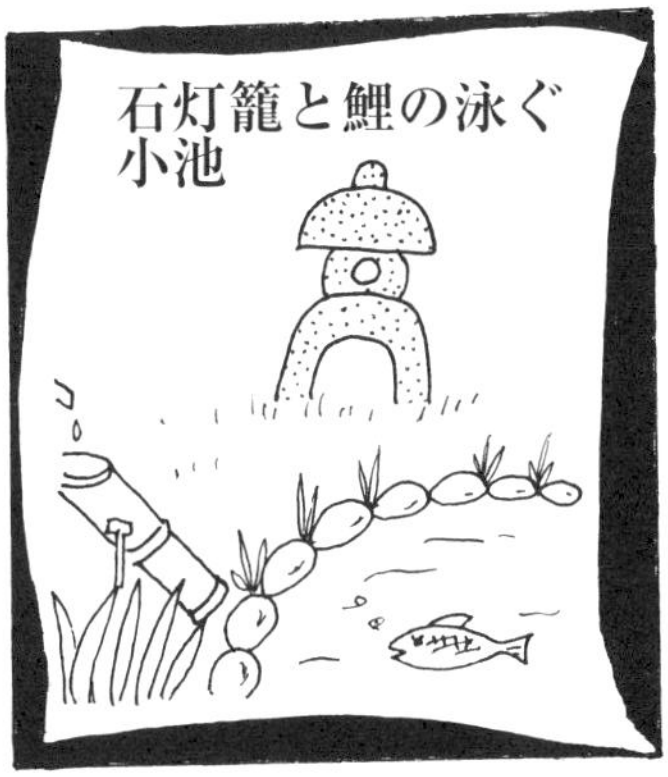
石灯籠と鯉の泳ぐ小池

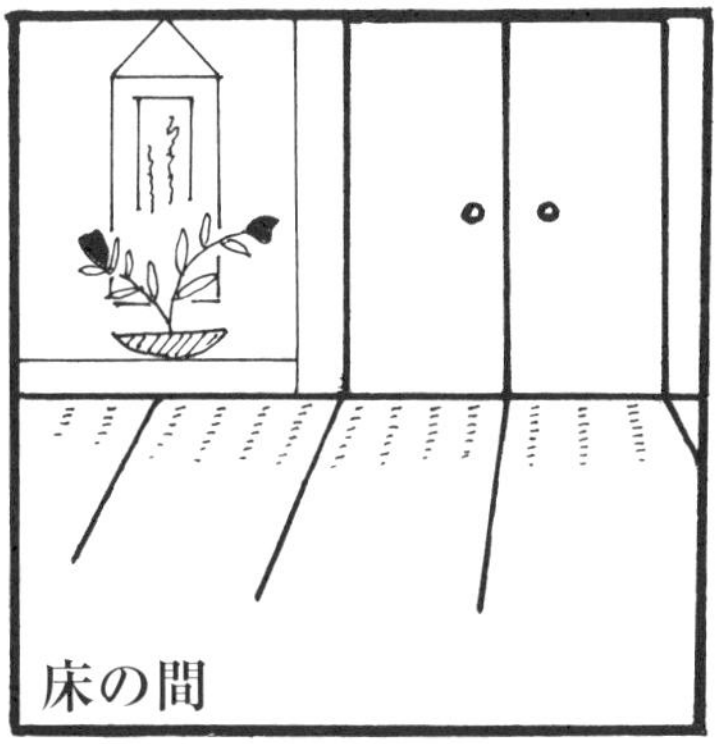
床の間

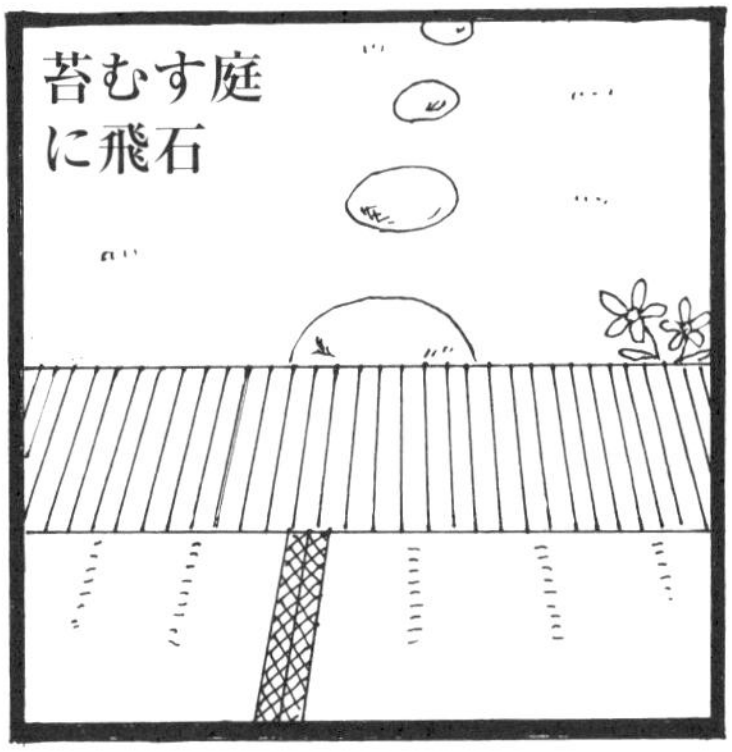
苔むす庭に飛石

●日本の旅を包む

京都の旅

冬の富士山

秘湯の旅

白川郷の合掌造りの家
岐阜県民が誇る世界遺産
合掌造りの家には冬がよく似合う

忍耐・・・好きな言葉。いつもこの心を忘れないようにしている。昔の日本国民が耐え忍んでここまで大きな国になったことも表しているすばらしい言葉だと思う。

礼儀・・・日本人(自分をふくめて)にもう一度見直して欲しい言葉です。とっさの時の一言が言えなくなっている気がする。「ありがとう」を素直に言える人間になりたい。

敬神・・・・・・●●○○○
誠実・・・・・・●●●●●
もてなし・・・・●●●○○
礼儀・・・・・・●●●●○
きれい好き・・・●●●●●
孝行・・・・・・●●●●○
公共心・・・・・●●●●○
勤勉・・・・・・●●●○○
愛国心・・・・・●●○○○
勇気・・・・・・●●○○○

誠実・・・無人販売でも必ずお金を入れています。
もてなし・・・すごく気を使って最大限のもてなしをする。
礼儀・・・敬語を正しく使おうと努力はしている。
きれい好き・・・自分のものでないもの程きれいに使っている。
孝行・・・しているけれど不十分。
公共心・・・街にゴミはぜったい捨てません。
勤勉・・・そうありたい。
国を愛する心・・・劣等感がある。
勇気・・・なかなかお年寄りに席を譲れません・・・

敬神・・・・・
誠実・・・・・
もてなし・・・・
礼儀・・・・・
きれい好き・・
孝行・・・・・
公共心・・・・
勤勉・・・・・
愛国心・・・・
勇気・・・・・

●日本のおみやげを包む

航空券
是非、日本に
おこしやす

日本茶は日本人だけ
でなく世界中の人々が
喜ぶ和ごころを象徴
するおみやげ

着物
きれいな柄のものを
持って帰って下さい

日本はいい国だ
と思った。日本人に
生まれたことを誇りに
思って生きていきたい。
心が暖かくなり今日一日
頑張れそうです。
おみやげ＝漆塗りのお椀

●自己診断

・当たり前のように暮らしている日本がいかに魅力的であるか再確認しました。愛国心などは今まであまり考えたことがなかったのですが、もっと日本を大切にしてもっと良い国にしたいと思います。

・日本はいい国だと思った。日本人に生まれたことを誇りに思って生きたいです。心があたたかくなり、今日一日がんばれそうです。

・あまり日本について考えたことがなかったため、新鮮だった。日本はすばらしい国だと思う。この国以外では暮らしていけないと感じた。

・日本には、世界に誇れるものがたくさんあることを改めて感じることが出来た。そしてなにより自分はこんなに日本が好きで、日本人でよかったなと思っていることがわかってなんだか幸せな気分になった。

・私は、日本が好きだということに気づいた。衣食住全てにおいて日本の習慣や伝統につかっている。しかし、日本の特徴に挙げられている性格や行動にあまり当てはまらず、日本人として、日本人らしいかと考えたら疑問である。もう一度日本人らしさを見直していきたい。

・特に歌が一番素直に思いを出せる。外国に行ったらその国の音楽もたくさん聴いてみたいし、日本の歌もたくさん伝えて残したい。この気持ちが私の日本人としての誇りだと思いました。

・日本人であることに誇りをもち、そして凛とした日本女性としてのふるまいを身に付けたいと思っています。やはり自分は日本人でよかったと思うとともに、日本のよさを世界に伝えたいと思います。

・よく考えてみて、日本がとても好きなことに気づきました。もっと各地に行って、良さを再発見したいと思います。

●コメント

どの作品も、日本に対する愛《いと》おしさがあふれています。日本に生まれてよかった、もっともっと日本のことを知りたいと書かれています。

実際の講座では、風呂敷を持参し、おみやげや自己診断を紙切れにかいてもらい、それを風呂敷で集め、包んで開いて、読み上げると、さらにみなの感動を誘います。

4. おわりに

私たちは、自分だけではなく、自分がもっと大きな存在とつながっていること、そしてそれを守り慈しむ心をもったときに、自己を実現しとても幸せな気分になれます。心の免疫力も上がります。今回はそれが日本でした。たった90分の講座でも、年齢を問わず、みなさんみんな日本が好きになり、誇りと活力を取り戻し、幸せな気分を味わいました。作品が何よりの証拠です。

第四章　「立て札」で想いを伝える

1. はじめに

今回取り上げる題材は立て札です。江戸時代、立て札は幕府の御触書《おふれがき》の手段で、時代劇のドラマにもよく出てきます。現代では、考える犬のところでも述べたように、しばしば対象物の説明のために使われています。「立ち入り禁止」のように強いメッセージを発することもあります。

今回は、立て札をシンボルイラストに応用して、自分の想いやメッセージを、伝えたくても伝えられない人たちに伝えることにします。

立て札は、札部分である板とそれを支える支柱で成り立っています。札部分はまず屋根をかいて、次に札をかきます。屋根を湾曲したようにかくのもおもしろいかもしれません。札と屋根の交差する部分に線を引き、中に伝える人の名前と顔、下にメッセージ文が入ります。（図1）

ワークシートは①～⑥です。では、順にはじめましょう。（図2）

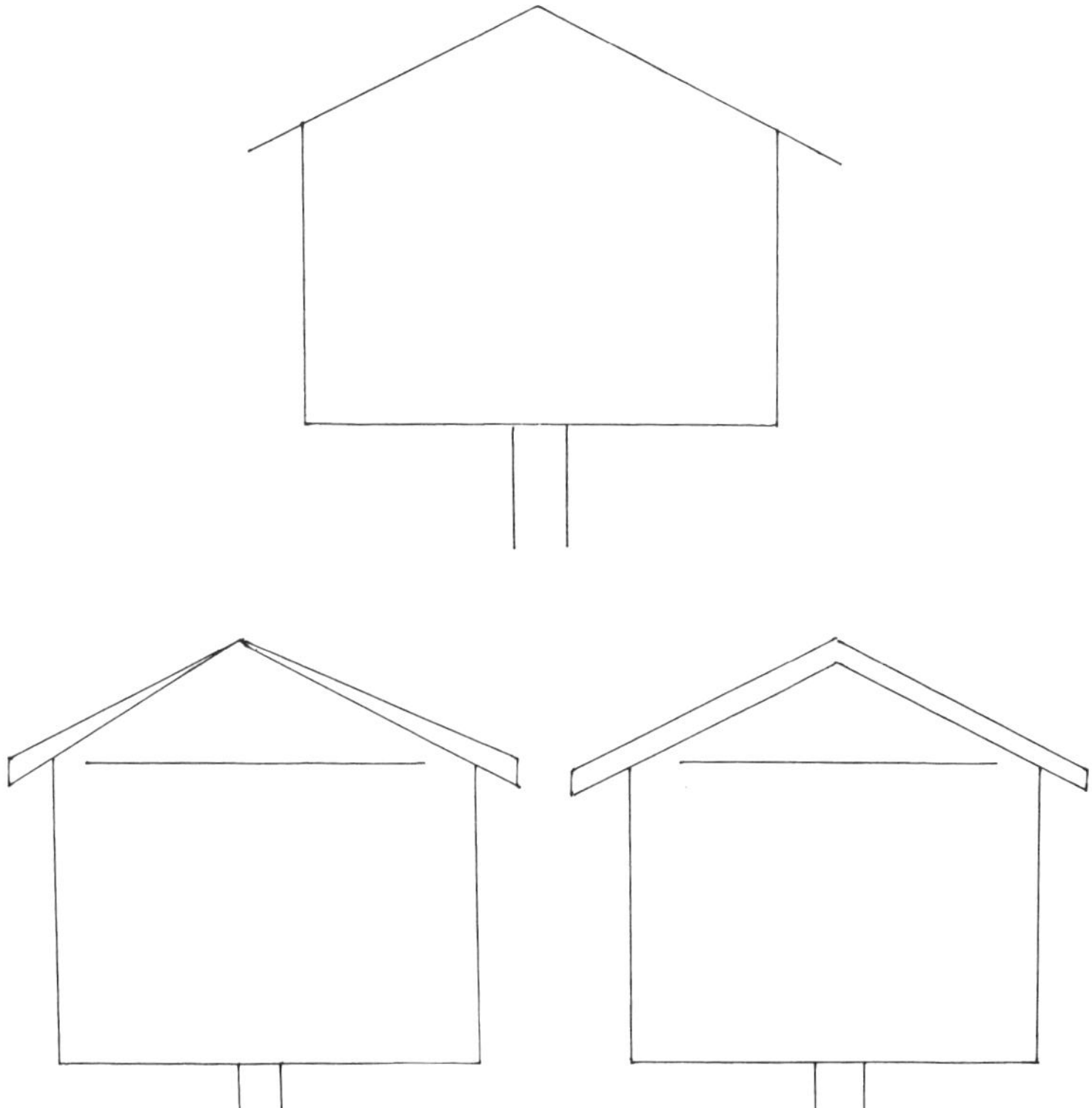

図　1

①時めく歴史上の人物へ	②心に生きる有名人へ
③被害を受けた人々へ	④伝えられなかった人へ
⑤自分へ	⑥自己診断

図2．ワークシート（立て札）

2．作品づくり

①時めく歴史上の人物へ

まず、歴史上の人物でありながら、今の時代にもあたかも生きているかのように時めいている人です。たとえば大河ドラマに出演している人やお札の肖像になっている人です。次は、書き方を参考に、穴埋めしてみてください。

○○様
あなたは、（　　　　　　　　　　　　）しています。
私は（　　　　　　　　　　　　　　　）です。
これからも（　　　　　　　　　　　　）します。
でも私は（　　　　　　　　　　　　　）です。
今後も（　　　　　　　　　　　　　　）しています。

②心に生きる有名人へ

次は、亡くなった有名人に想いを伝えます。今年亡くなった人、十周忌の人、二十周忌の人などいろいろいます。でも、その人は今でもあなたの心の中で生き続けています。次は、書き方の一例です。

○○様。
あなたは（　　　　　　　　　　　　　　　　　　　）しました。
私は（　　　　　　　　　　　　　　　　　　　　　）しました
あなたは今でも（　　　　　　　　　　　　　　　　）です。
今後も（　　　　　　　　　　　　　　　　　　　　）でしょう。
私はいつまでも（　　　　　　　　　　　　　　　　）しています。

③ 被害を受けた方々へ

次は、今年被害にあった方々に想いを伝えます。テレビを通して、その被害状況がありありと報道され、それを見ていろいろと考えさせられることもありました。そんなあなたの想いを伝えて下さい。必ずしも災害にあった人である必要はありません。お金を落とした友人へ、事故に遭った知人へ、などでもＯＫです。

○○様。
あなたは（　　　　　　　　　　　　　　　　　　　）されました。
さぞかし（　　　　　　　　　　　　　　　　　　　）でしょう。
私は心より（　　　　　　　　　　　　　　　　　　）します。
あなたは（　　　　　　　　　　　　　　　　　　　）です。

今後も（　　　　　　　　　　　　）しています。

④ **伝えられなかった人へ**

今度は、伝えたくても伝えられなかった人、たとえば、片思いの人、助けてくれたのに名も知らず別れた人、傷つけてしまった人などに想いを伝えます。

○○様。
あなたは（　　　　　　　　　　　　）しています。
私は（　　　　　　　　　　　　）です。
これからも（　　　　　　　　　　　　）します。
でも私は（　　　　　　　　　　　　）です。
今後も（　　　　　　　　　　　　）しています。

⑤ **自分へ**

さて最後は自分です。一年間の自分を振り返ってみましょう。どんなことがありましたか？　どんなことを頑張りましたか？　頑張った自分を褒めてあげたり、ダメだと思ったところには叱咤激励してあげましょう。自分に伝えたい思いを正直に書くことで、これからの課題や目標が見えてくるかもしれません。

○○様。

あなたは（　　　　　　　　　　　　　　）しています。

私は（　　　　　　　　　　　　　　）です。

これからも（　　　　　　　　　　　　）します。

でも私は（　　　　　　　　　　　　）です。

今後も（　　　　　　　　　　　　　）しています。

⑥ 自己診断

自己診断です。

（1）どんな自己発見、再発見がありましたか？

（2）絵に個性や自己主張がありましたか？

（3）終わってみてどんな気分ですか？　癒しはありましたか？

3. 作品紹介

● 時めく歴史上の人物へ

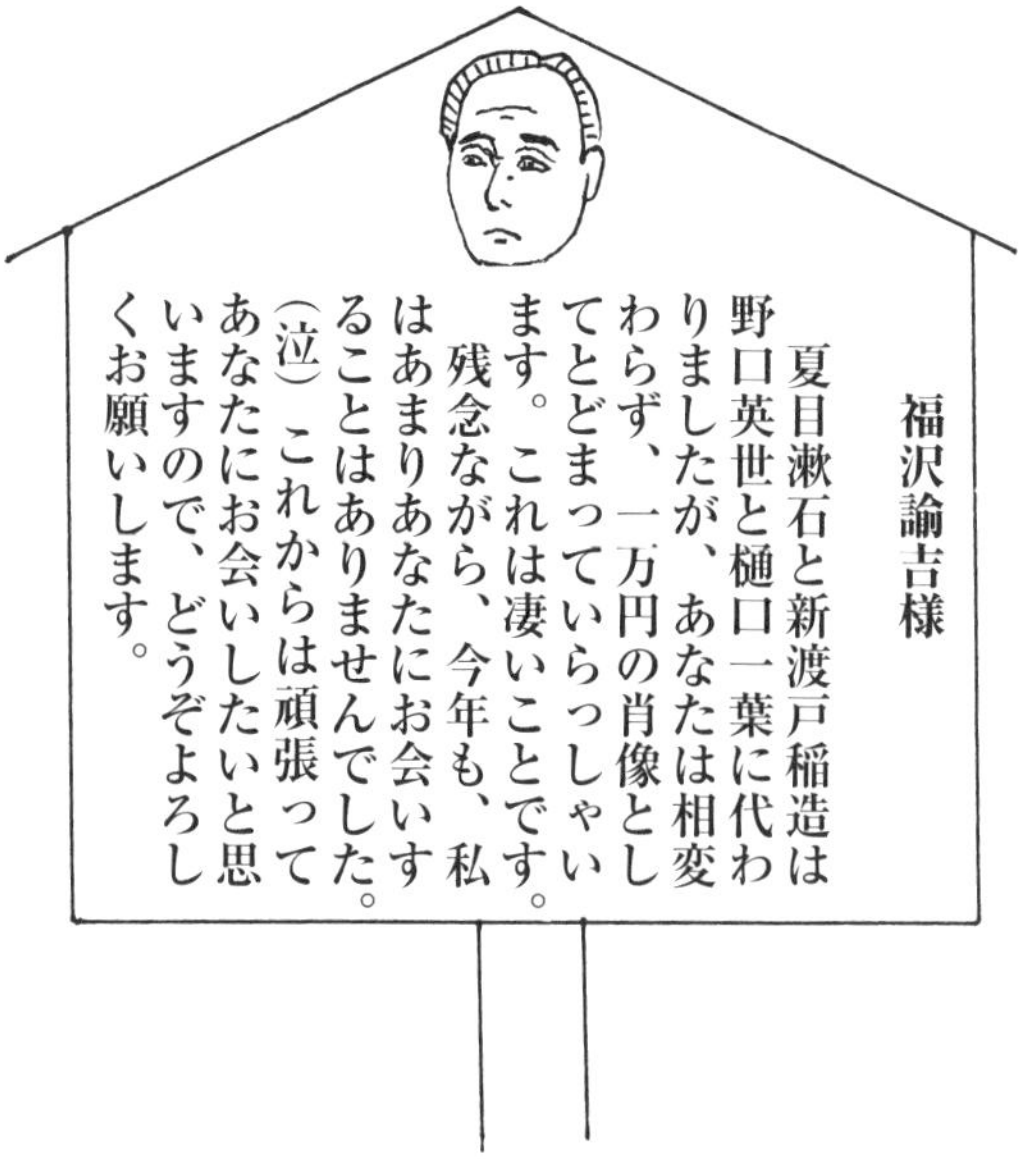
福沢諭吉様
夏目漱石と新渡戸稲造は野口英世と樋口一葉に代わりましたが、あなたは相変わらず、一万円の肖像としてとどまっていらっしゃいます。これは凄いことです。
残念ながら、今年も、私はあまりあなたにお会いすることはありませんでした。(泣) これからは頑張ってあなたにお会いしたいと思いますので、どうぞよろしくお願いします。

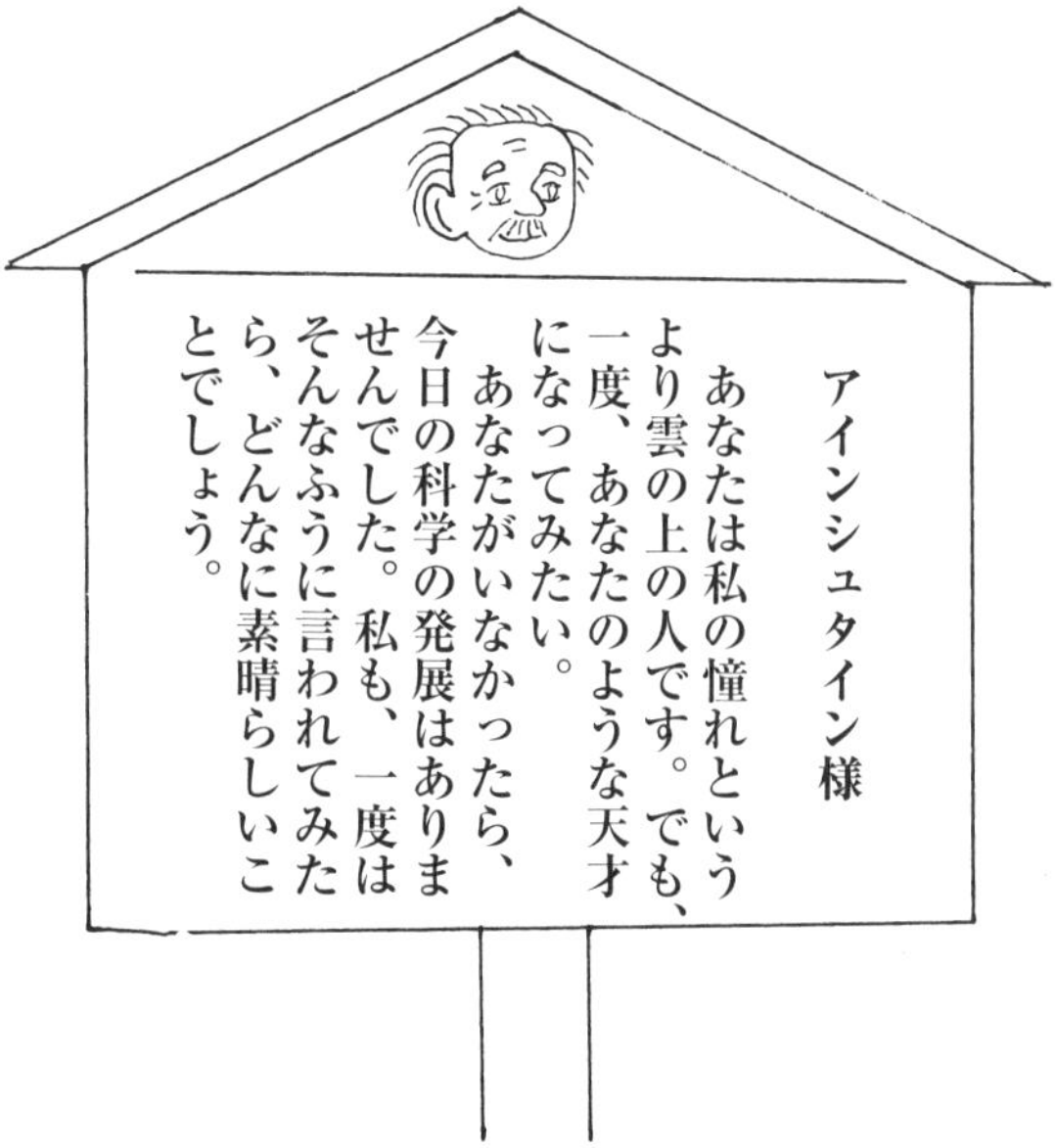
アインシュタイン様
あなたは私の憧れというより雲の上の人です。でも、一度、あなたのような天才になってみたい。
あなたがいなかったら、今日の科学の発展はありませんでした。私も、一度はそんなふうに言われてみたら、どんなに素晴らしいことでしょう。

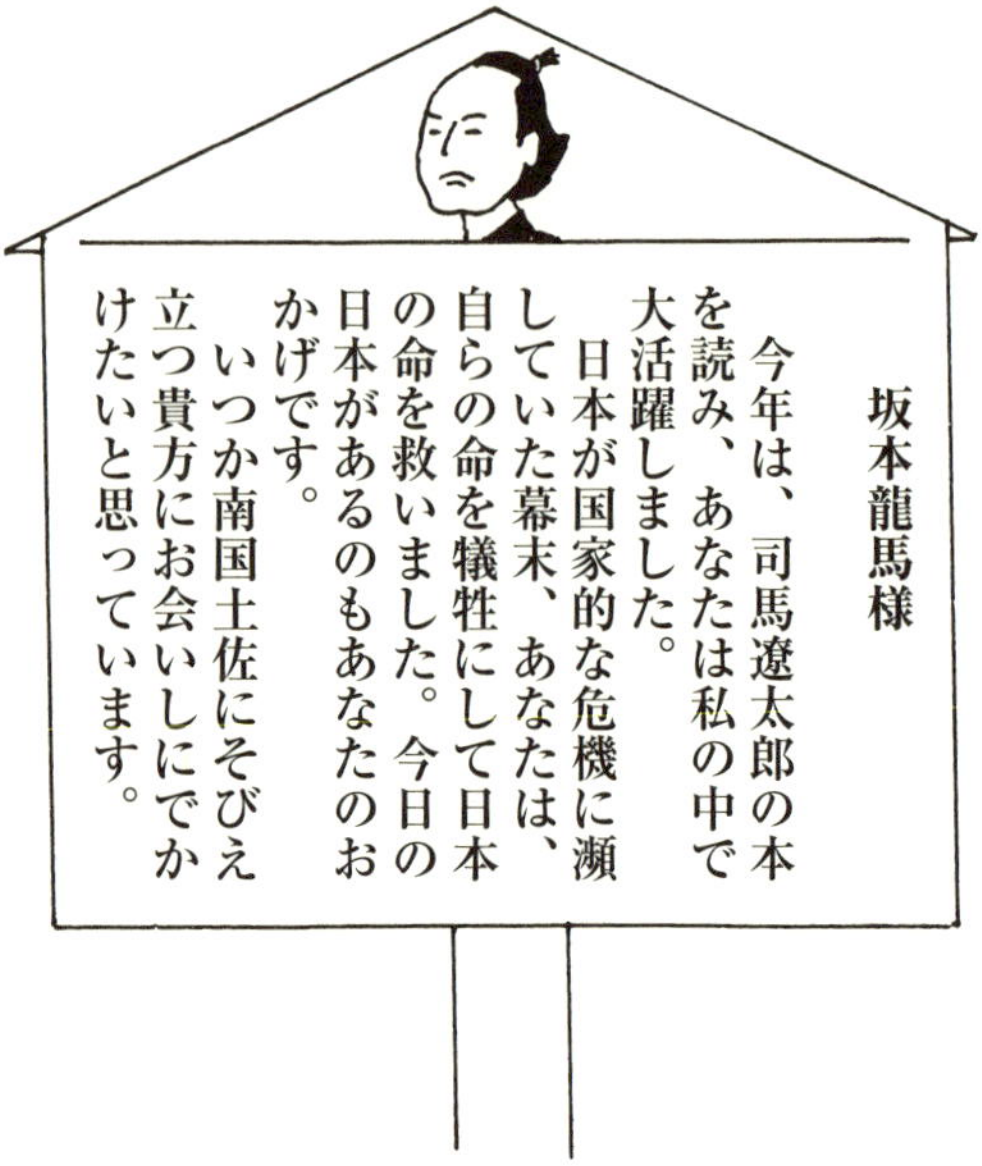
坂本龍馬様
今年は、司馬遼太郎の本を読み、あなたは私の中で大活躍しました。
日本が国家的な危機に瀕していた幕末、あなたは、自らの命を犠牲にして日本の命を救いました。今日の日本があるのもあなたのおかげです。
いつか南国土佐にそびえ立つ貴方にお会いしにでかけたいと思っています。

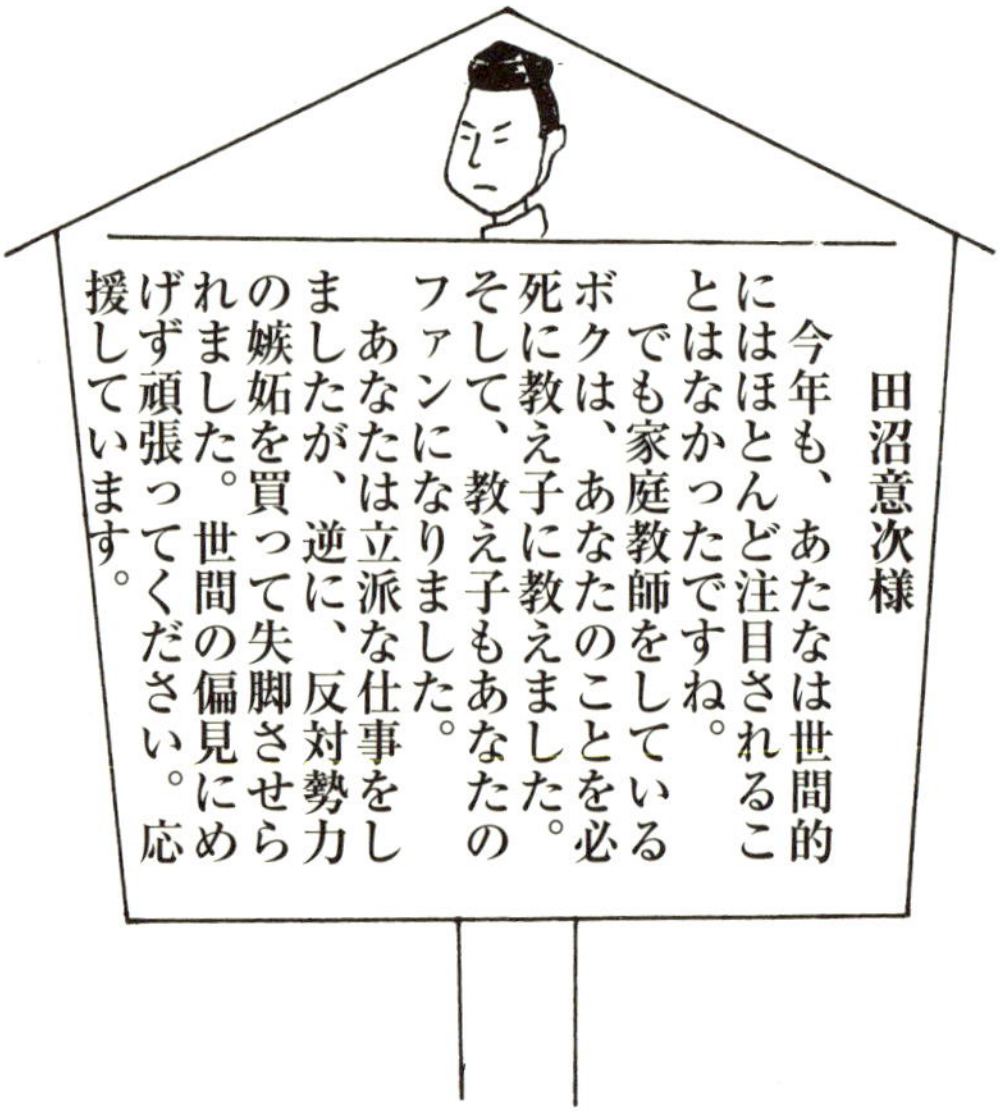
田沼意次様
今年も、あたなは世間的にはほとんど注目されることはなかったですね。
でも家庭教師をしているボクは、あなたのことを必死に教え子に教えました。そして、教え子もあなたのファンになりました。
あなたは立派な仕事をしましたが、逆に、反対勢力の嫉妬を買って失脚させられました。世間の偏見にめげず頑張ってください。応援しています。

ダイアナ妃さま

あなたがお亡くなりになってからもう何年立ったでしょうか？　あなたは、王室だからといって決して気取らず親しみやすい方でした。

地雷撤去や貧困撲滅などにも尽力されました。

私は今でも美しくて強いあなたに憧れています。いつかあなたのような素敵な女性になれれば最高です。

坂本九様

あなたが亡くなってから二十年。

私は丁度その年に生まれました。母と祖母はあなたのファンでした。そして私もファンになりました。「上を向いて歩こう」「見上げてごらん夜の星を」をはじめこれからもあなたの歌を聞いていきたいと思います。

あなたは私たちの永遠のアイドルです。

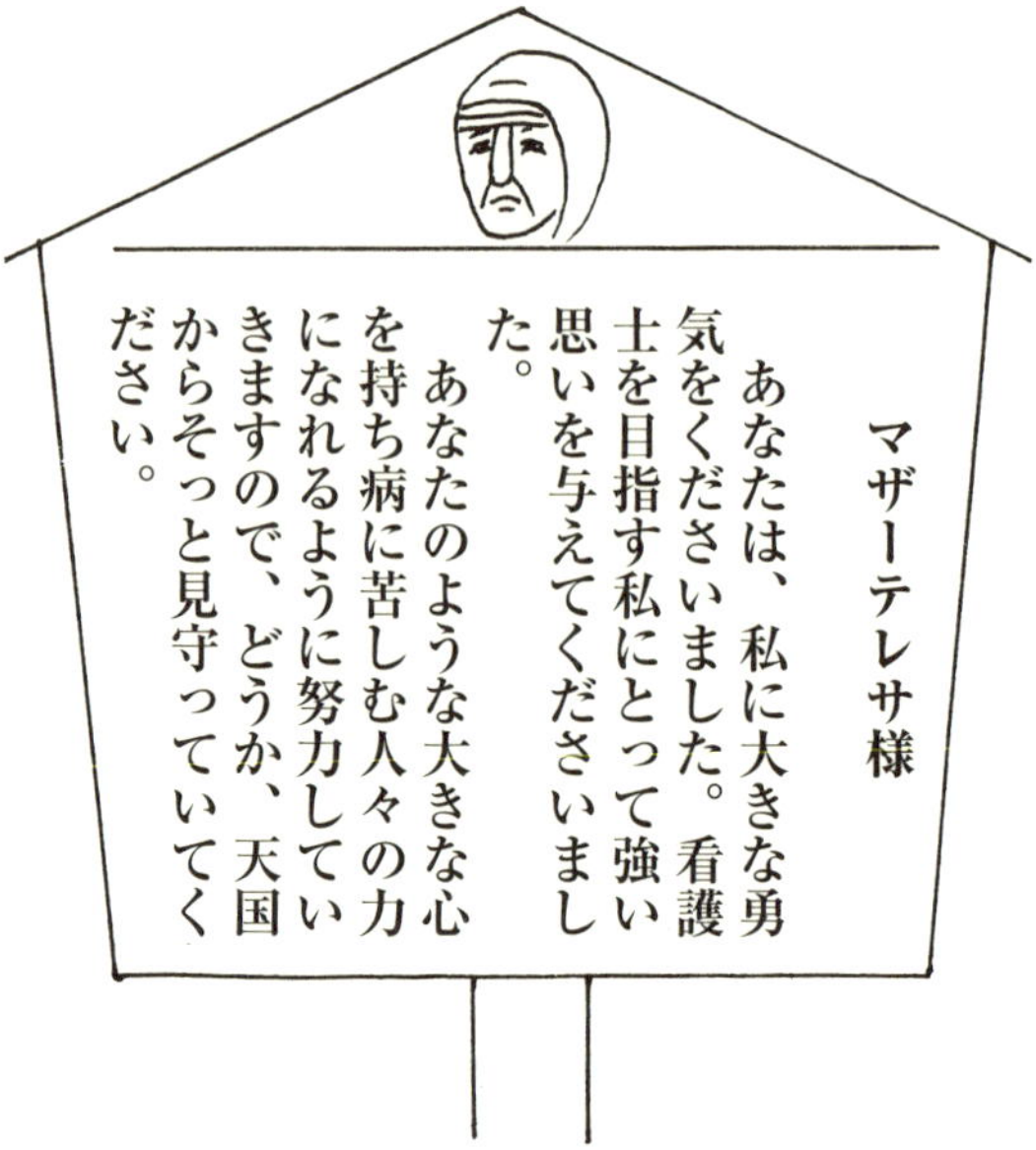
マザーテレサ様
あなたは、私に大きな勇気をくださいました。看護士を目指す私にとって強い思いを与えてくださいました。
あなたのような大きな心を持ち病に苦しむ人々の力になれるように努力していきますので、どうか、天国からそっと見守っていてください。

オードリーヘップバーン様
今年はローマの休日が放映されたり本が出されたりとあなたの綺麗さとセンスのよさに見るほど感心してしまいました。
あなたが笑うとすごく幸せな気になれます。これからもあなたの笑顔で沢山の人を魅了してください。

● 被害を受けた方々へ

震災被害者の皆様へ
今年は災害に見舞われ大変な日々を過ごされていると思います。テレビで見ていて心が痛みます。ボランティアに行けなくてすみません。何かできないかと思い、募金という形で協力させていただきました。希望を失わずに頑張ってください。応援しています。

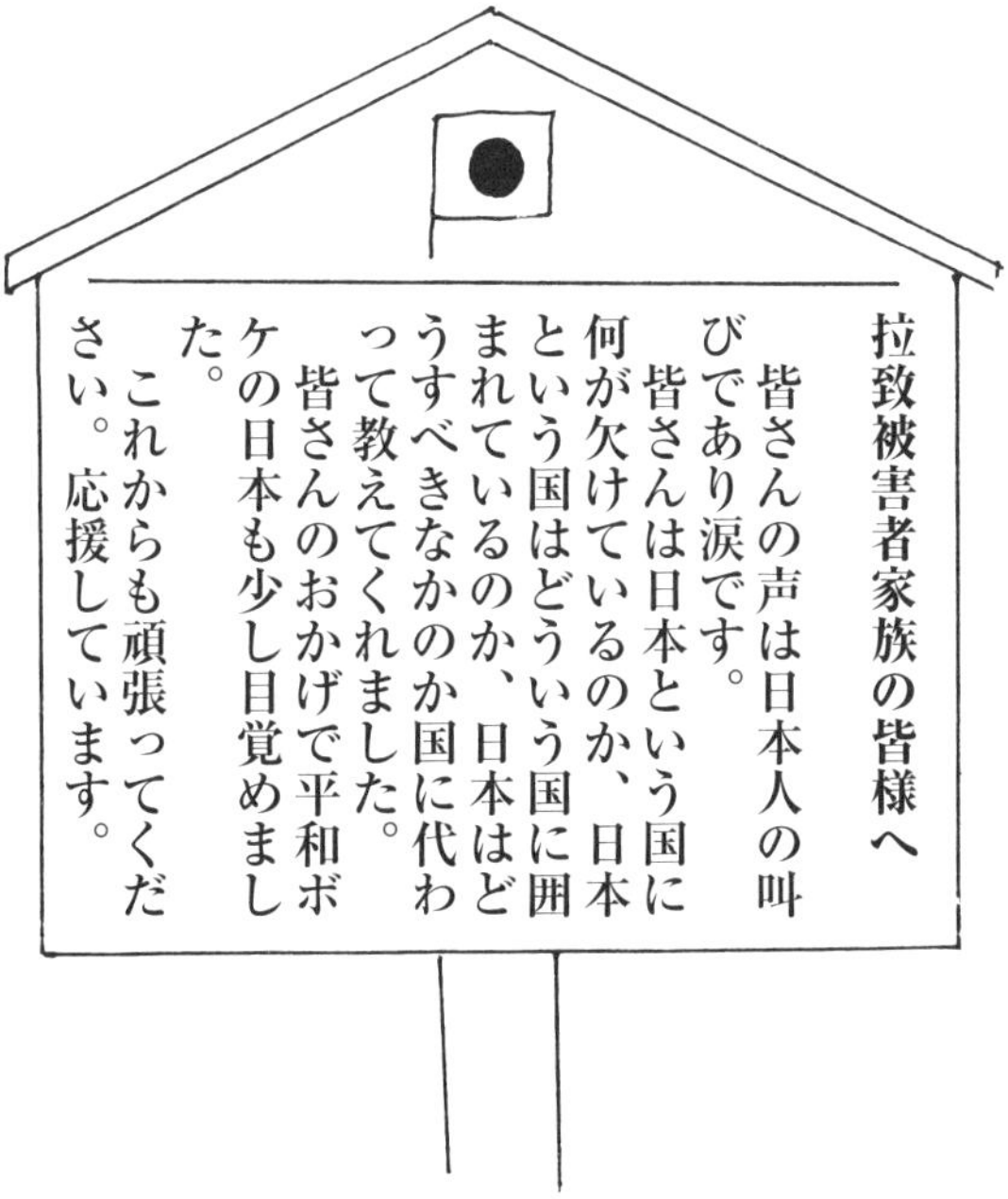

拉致被害者家族の皆様へ
皆さんの声は日本人の叫びであり涙です。

皆さんは日本という国に何が欠けているのか、日本という国はどういう国に囲まれているのか、日本はどうすべきなのか国に代わって教えてくれました。

皆さんのおかげで平和ボケの日本も少し目覚めました。

これからも頑張ってください。応援しています。

● 伝えられない人へ

親友へ

今年も、わがままな私とおつきあいしてくれてどうもありがとう。悩んでいるときはあなたの悩みをそっちのけに一緒に悩んでくれましたね。嬉しいときは一番喜んでくれました。あなたはとても優しい方で、私にはもったいないくらいです。感謝しています。これからもよろしくお願いします。

貴方へ

このごろ、私の心が貴方から離れつつあります。前のような気持ちになりたいと思っているのですが、なかなか戻りません。2年前に撮った花火大会の写真は2人ともとても幸せそうです。その時のふたりに戻れたらどんなによいのもかと思ってしまいます。あなたはどう感じていますか？

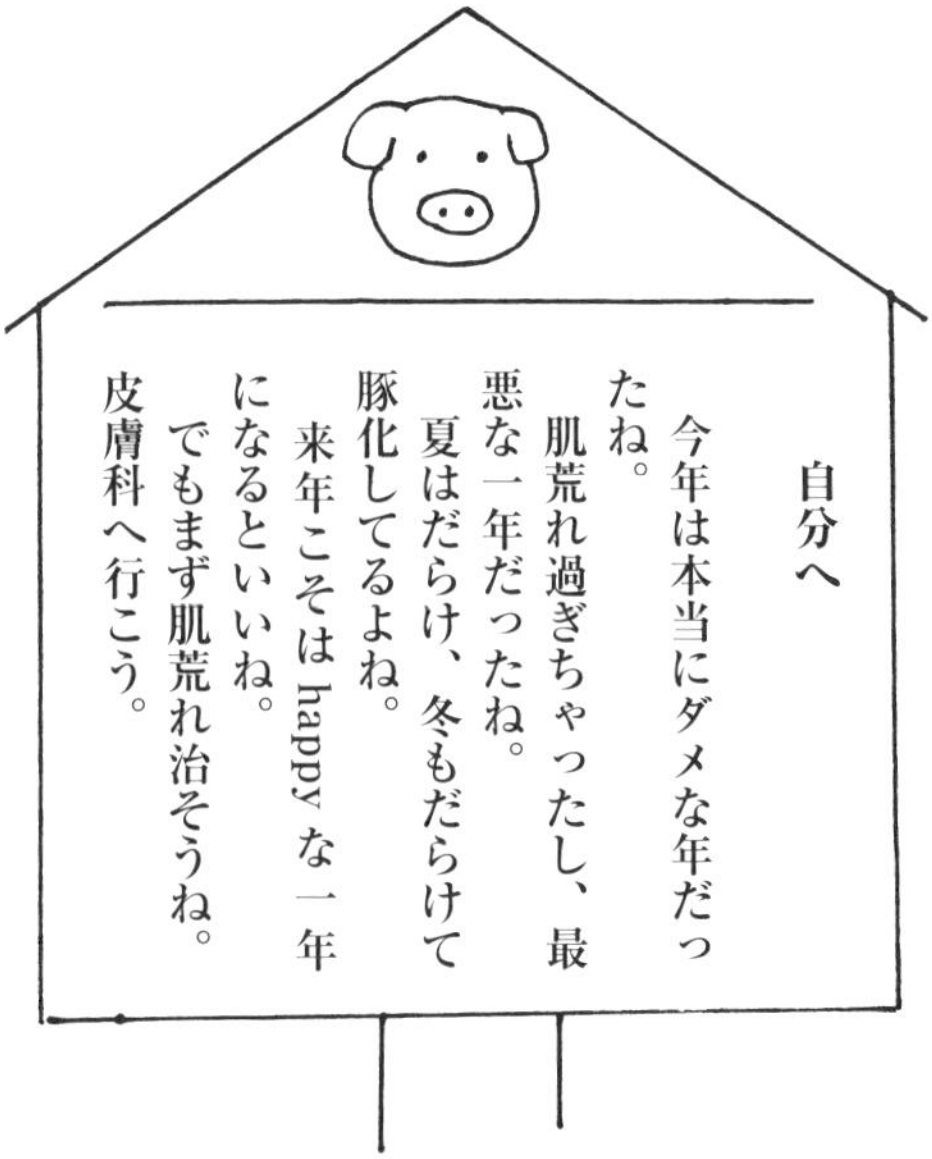
自分へ
今年は本当にダメな年だったね。
肌荒れ過ぎちゃったし、最悪な一年だったね。
夏はだらけ、冬もだらけて豚化してるよね。
来年こそは happy な一年になるといいね。
でもまず肌荒れ治そうね。皮膚科へ行こう。

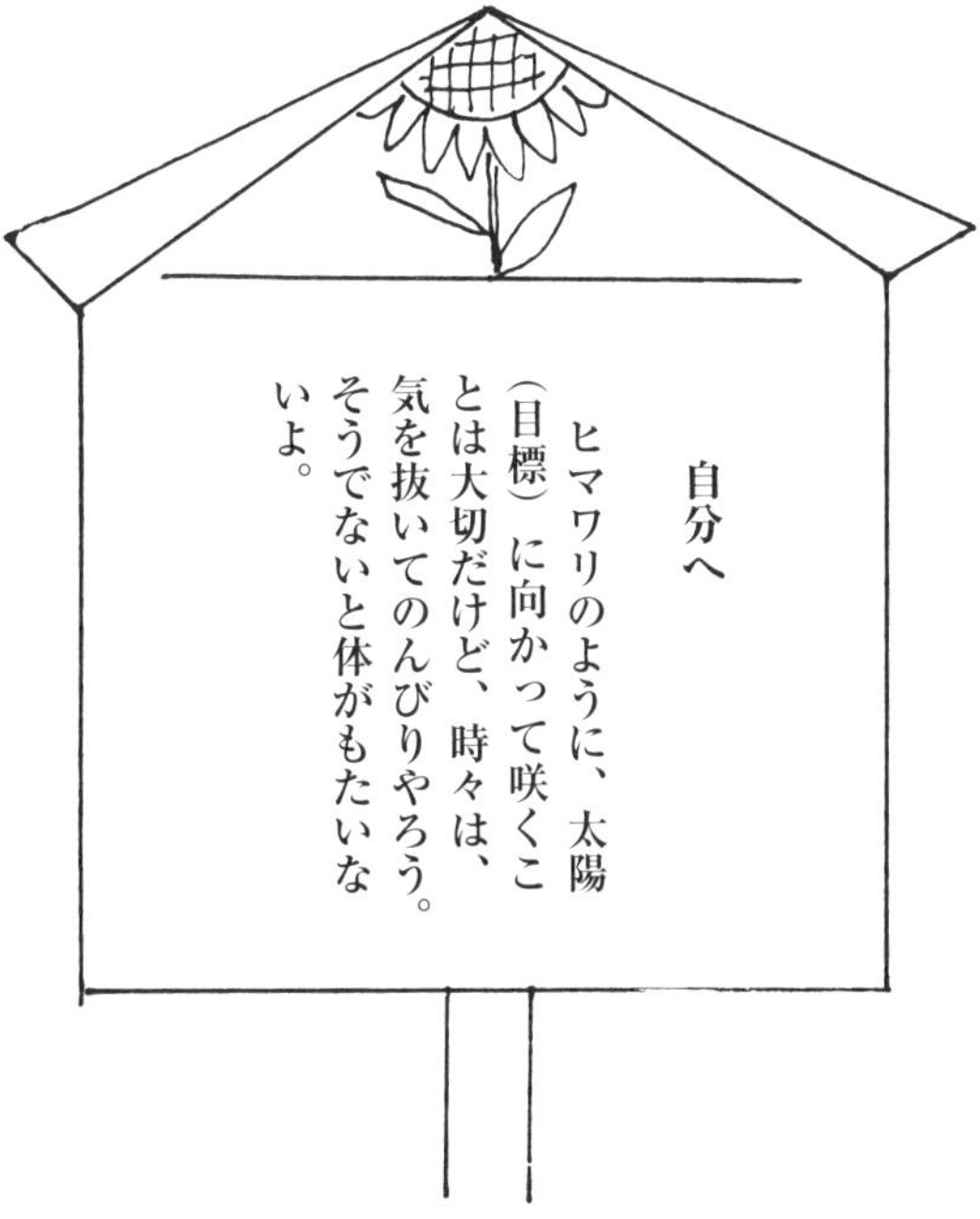
自分へ
ヒマワリのように、太陽（目標）に向かって咲くことは大切だけど、時々は、気を抜いてのんびりやろう。そうでないと体がもたないなぃよ。

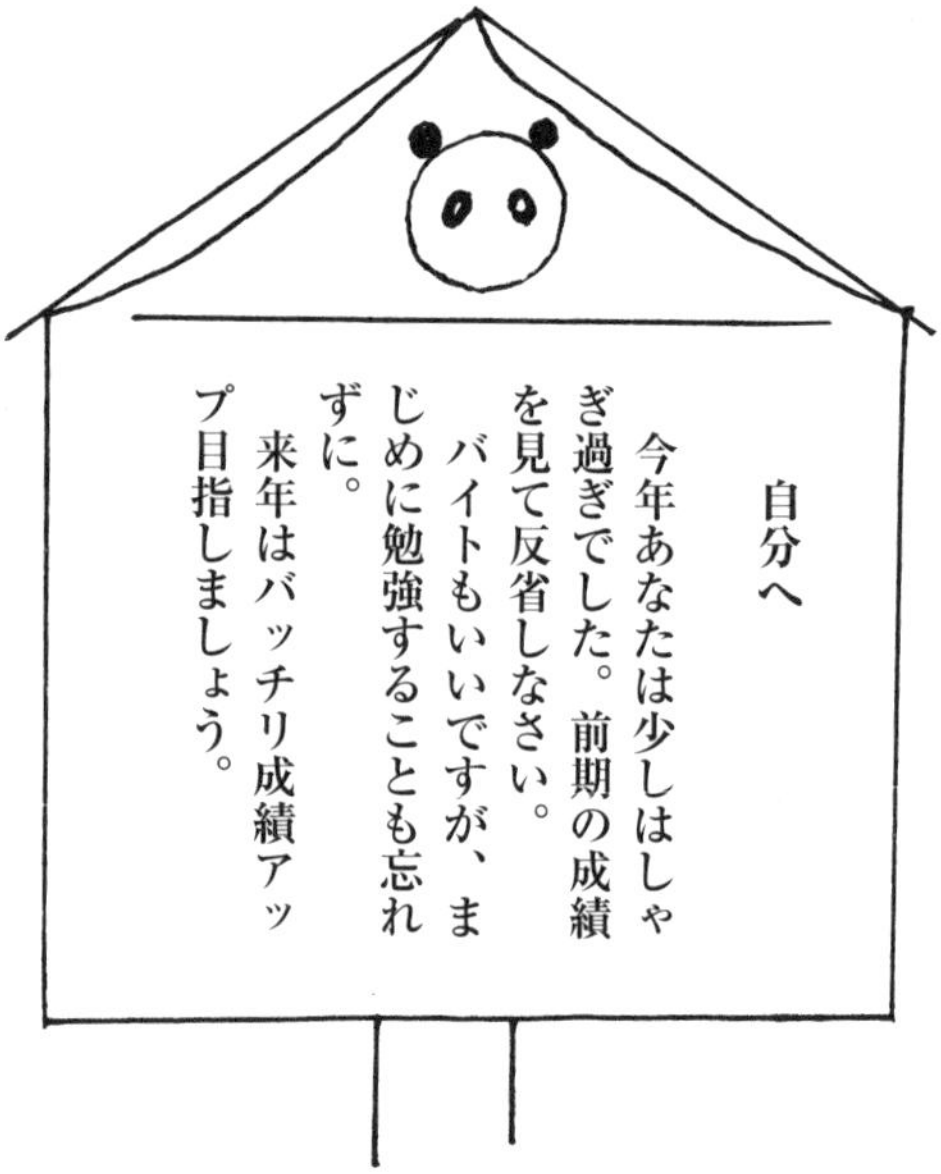
自分へ
今年あなたは少しはしゃぎ過ぎでした。前期の成績を見て反省しなさい。
バイトもいいですが、まじめに勉強することも忘れずに。
来年はバッチリ成績アップ目指しましょう。

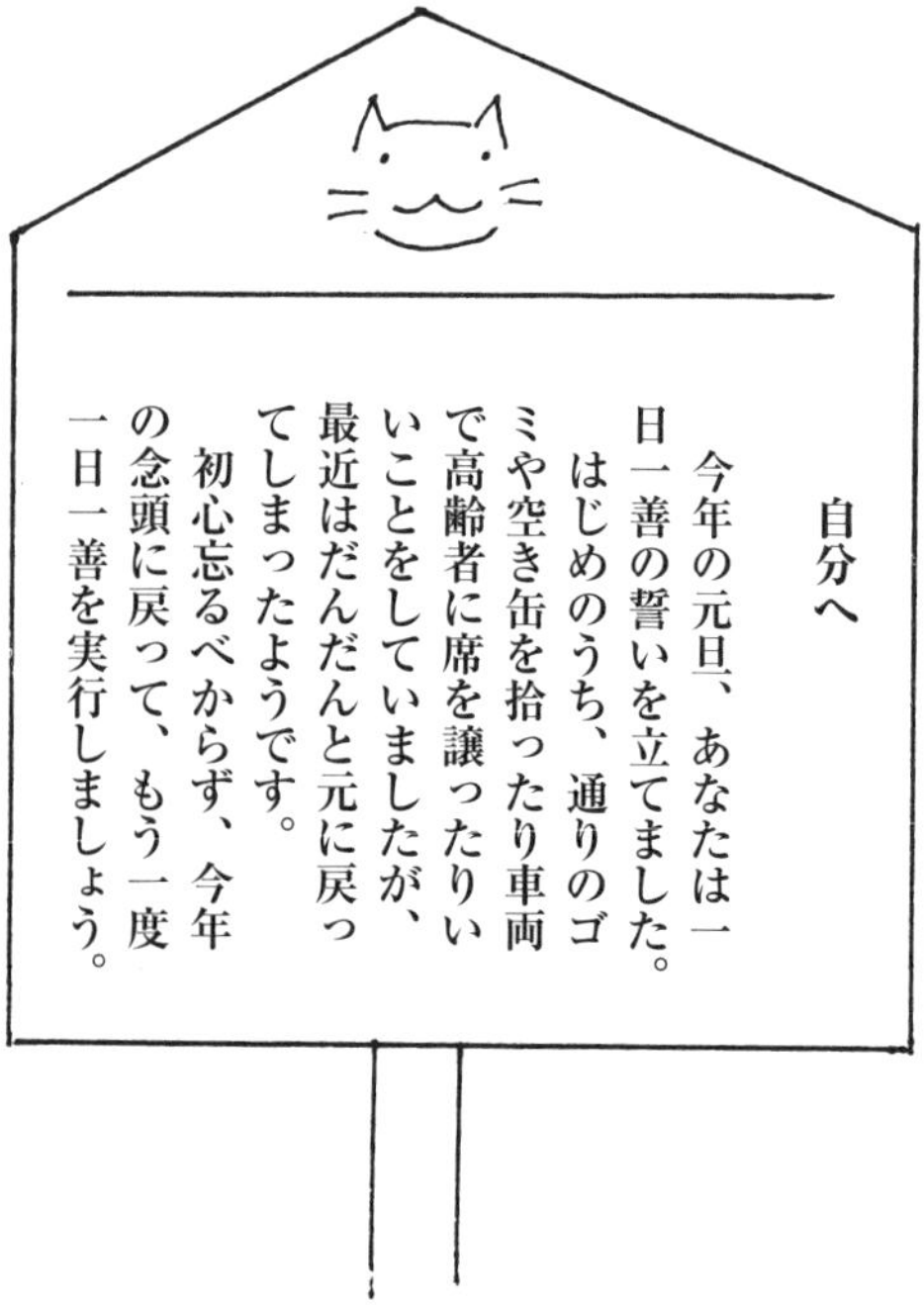
自分へ
今年の元旦、あなたは一日一善の誓いを立てました。はじめのうち、通りのゴミや空き缶を拾ったり車両で高齢者に席を譲ったりいいことをしていましたが、最近はだんだんと元に戻ってしまったようです。
初心忘るべからず、今年の念頭に戻って、もう一度一日一善を実行しましょう。

自己診断

・被害に遭った人たちには一刻も早く立ち直って欲しいと思った。
・自分は幕末が好きだと改めて発見した。
・選んだ人からみて、いろいろな分野に関心があることに気づいた。
・今年はダメだったので来年は前向きにしたい。
・家族への思いが募った。
・やはり家族への感謝は尽くせない。

コメント

自分への立て札で、肌荒れについて取り上げている作品がありました。私たちは体と心から成り立っているといわれながら、仕事や遊びにかまけていると、ついつい体のほうをないがしろにしてしまうことがあります。病気になってはじめて自分の不用心、不摂生を反省し、体の大切さを認識します。心のコミュニケーションと同じくらい、自分の体とのコミュニケーションも大切です。

4. おわりに

だいぶ前になりますが、原宿の表参道で、立て看板に詩の作品が貼られ、通りに沿ってずっと並べられていたことがありました。立ち止まって見入る通行人もちらほらいました。私も読み歩きをしましたが、中でも一番印象に残っている詩が、元校長が書いた作品でした。

元校長先生は今では駐車場の係員をしています。仕事は早朝からはじまり寒くてきつい。そこにはいろいろな人がやってきます。アツアツのカップル、マナーが悪い人、怒鳴り散らす若い男。ある日、「先生、そんなところで何やってんの？」と元教え子に声を掛けられ、狼狽しました。そして思いました。学校では自分は偉そうに何でも知っているように振る舞い教えていたけれども、実は何も知らなかったのだ、と。

今回の、見知らぬ人に立て札で想いを伝える作品も、どこかのまちの通りに沿って並べたら、きっと話題を呼ぶでしょう。地域コミュニケーションにもプラスです。

第二部

第五章

「手のひら」でなりたい人になる

1. はじめに

街中の手相易で、さまざまな線の入った手のひらの図表が貼られていることがあります。このように、手のひらは運勢占いにも使えますが、今回おこなう、自分づくりにも応用できます。

ここでは、はじめに、右の手のひらで、どういう人に憧れ、どんな人を目標とし、どんな存在になりたいかを探り、次に、左の手のひらで、自分の強みや関心事や信念など、広告感覚で自己をアピールします。

手のひらと五本の指がかけない人は、自分の手のひらをみながらかきましょう。リアルでなくても、お相撲さんのような大きな手なら文章もたくさん書けます。（図1、2）

指の関節もかいて、上は項目、下に、説明を書きます。では、ワークシートに従って、順次、進めていきます。（図3）

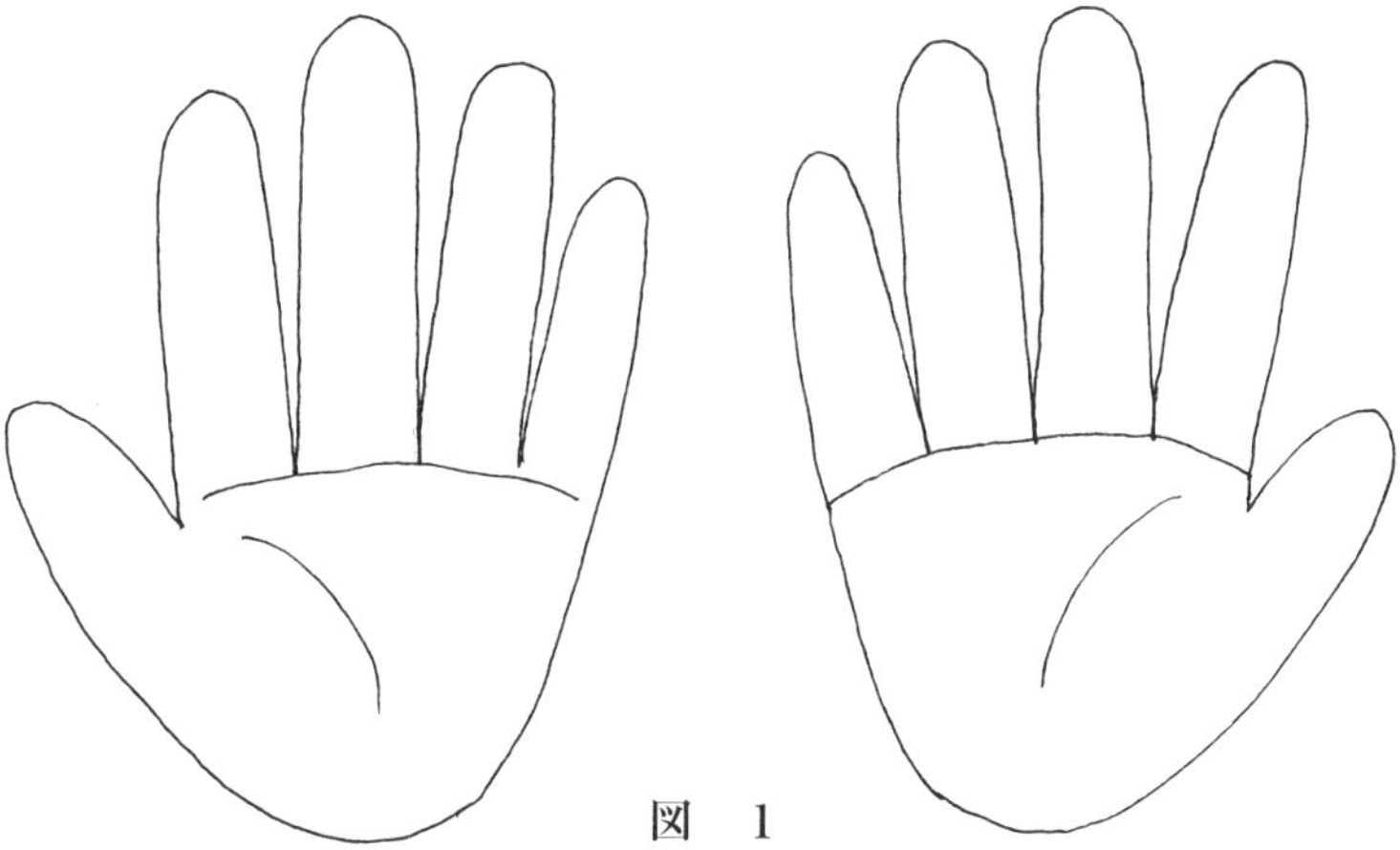

図 1

図 2

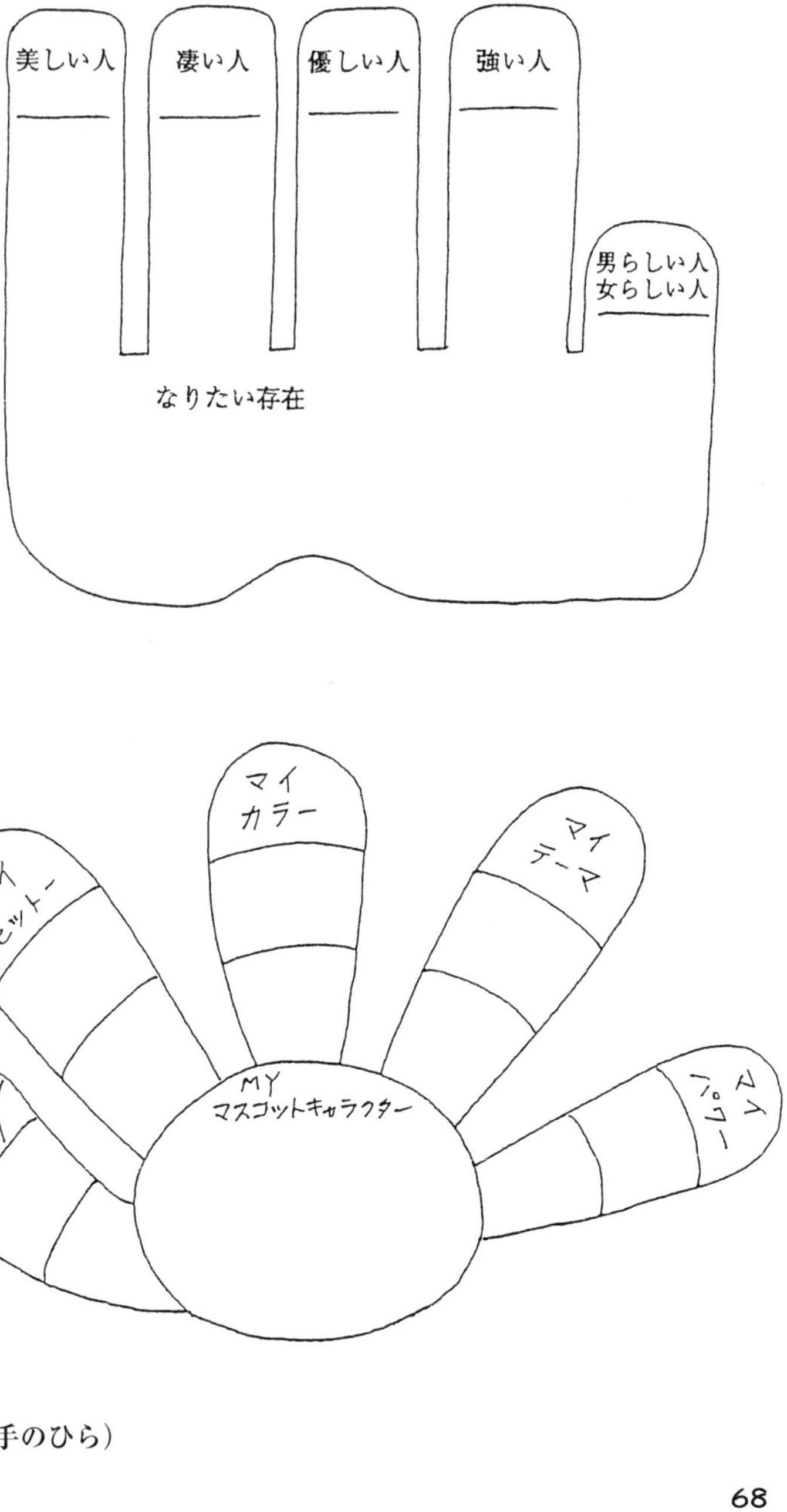
美しい人
凄い人
優しい人
強い人
男らしい人
女らしい人
なりたい存在
マイ
モットー
マイ
カラー
マイ
テーマ
マイ
シンボルマーク
マイ
パワー
MY
マスコットキャラクター

図3（手のひら）

2. 作品づくり

(1) 右手でなりたい人になる

まずは右手で、いろいろな人について考えます。人といっても、ジャーナリストや看護師のような職業ではなく、勇気のある人、まじめな人のように、どういう考え方をし、どういう行動を取る人かという意味です。つまり、人間としての存在です。究極的には、自分がどういう人になりたいのか、どういう存在でありたいのか、その思いを探ります。

① 強い人

まずは人差し指からです。指の第一関節の部分に、「強い人」と書いてください。あなたにとって、「強い人」とはどういう人でしょうか? 鉄のように丈夫な人ですか? 鉄は確かに強いかもしれません。しかし、プレッシャーを与えると、折れることがあります。その点、竹はしなやかで弱そうですが、なかなか折れません。どっちが強いのでしょう?

孤独はどうですか? 何時間も一人でいて大丈夫な人は孤独に強いのでしょう。いじめにあっても、決して屈せずじっと耐えている人は何に強いのでしょう? 困難を乗り越え、初志貫徹する人は何が強いのでしょう?

②優しい人

次に、中指です。「優しい人」とはどんな人だと思いますか？　親切そうにしている人が、実はそうではなかったり、逆に、ふだんぶっきらぼうな人が、困ったときに助けてくれて、実は優しい人だったとわかることもあります。中身の優しい人とはどういう人でしょう？

③凄い人

薬指です。よく、「あの人は凄いな。とてもマネできないよ」といわれる人がいます。では、この凄い人とはあなたにとってどういう人のことでしょう？

④美しい人

小指です。だれも美しい人に憧れ、そうなりたいと思っています。では、美しい人とはどういう人でしょうか？　外見の美しさですか？　内面の美しさですか？　しぐさや振る舞いの美しさですか？

⑤男らしい人・女らしい人

親指です。男らしさ・女らしさよりも自分らしさという人もいますが、相反するものではなく、男らしさ・女らしさは自分らしさの重要な側面のひとつです。せっかく男や女に生まれてきたのだから、自分の性の品格を生かして生きるのが自然なのではないでしょうか？

⑥ なりたい人

手のひらです。どういう人になりたいか？　これは、職業的な意味ではありません。どういう存在でありたいか、他の人々にとってどう視られたいかという存在としての意味です。たとえば、一隅を照らすような人。これはその人の生き方や人生の価値観に関わってくる重要なテーマです。

⑦ 自己診断

なりたい自分が見えてきましたか？　希望が湧いてきましたか？

（2）左手で自分をアピールする

なりたい自分がわかった段階で、次は、スローガンやシンボルマークなど、企業の広告手法を一部応用して、左手で自己をアピールします。

① マイ・モットー

人差し指からです。あなたはどういう信条をもっていますか？　どういう言葉を大切にしていますか？　それはなぜですか。

②　マイ・カラー

中指です。どの色がもっとも自分らしさを表しますか？　それはなぜですか？

③　マイ・テーマ

薬指です。今どういうことにもっとも関心がありますか？　これまでどういうテーマを追求してきましたか？　それはなぜですか？

④　マイ・パワー

小指です。自分の強み、他人にアピールできる点です。語学力、企画力、コミュニケーション力、総合力のように○○力と表現するといいでしょう。

⑤　マイ・シンボルマーク

親指です。どんな形があなたを表しますか？　好きなマークをつくってみましょう。

⑥　マイ・マスコットキャラクター

手のひらです。どんな動物が好きですか？　それをマスコットキャラクターにしましょう。これからはあなただけの登録商標です。

⑦ **自己診断**

手のひらで簡単に自分づくりができることに対して、どう思いましたか？

3. 作品紹介

受講生の作品例です。

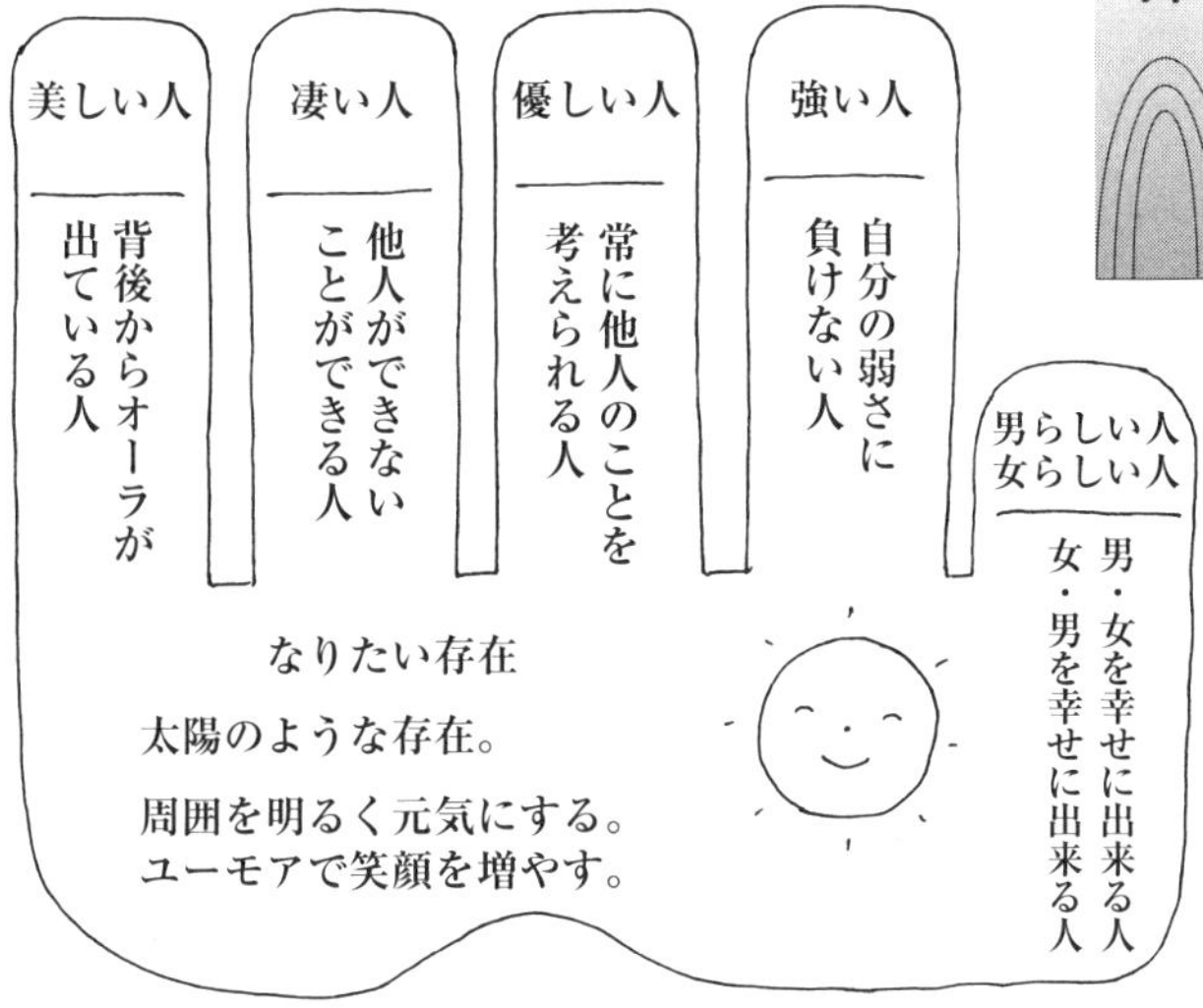
美しい人
背後からオーラが出ている人
凄い人
他人ができないことができる人
優しい人
常に他人のことを考えられる人
強い人
自分の弱さに負けない人
男らしい人
女らしい人
男・女を幸せに出来る人
女・男を幸せに出来る人
なりたい存在
太陽のような存在。
周囲を明るく元気にする。
ユーモアで笑顔を増やす。

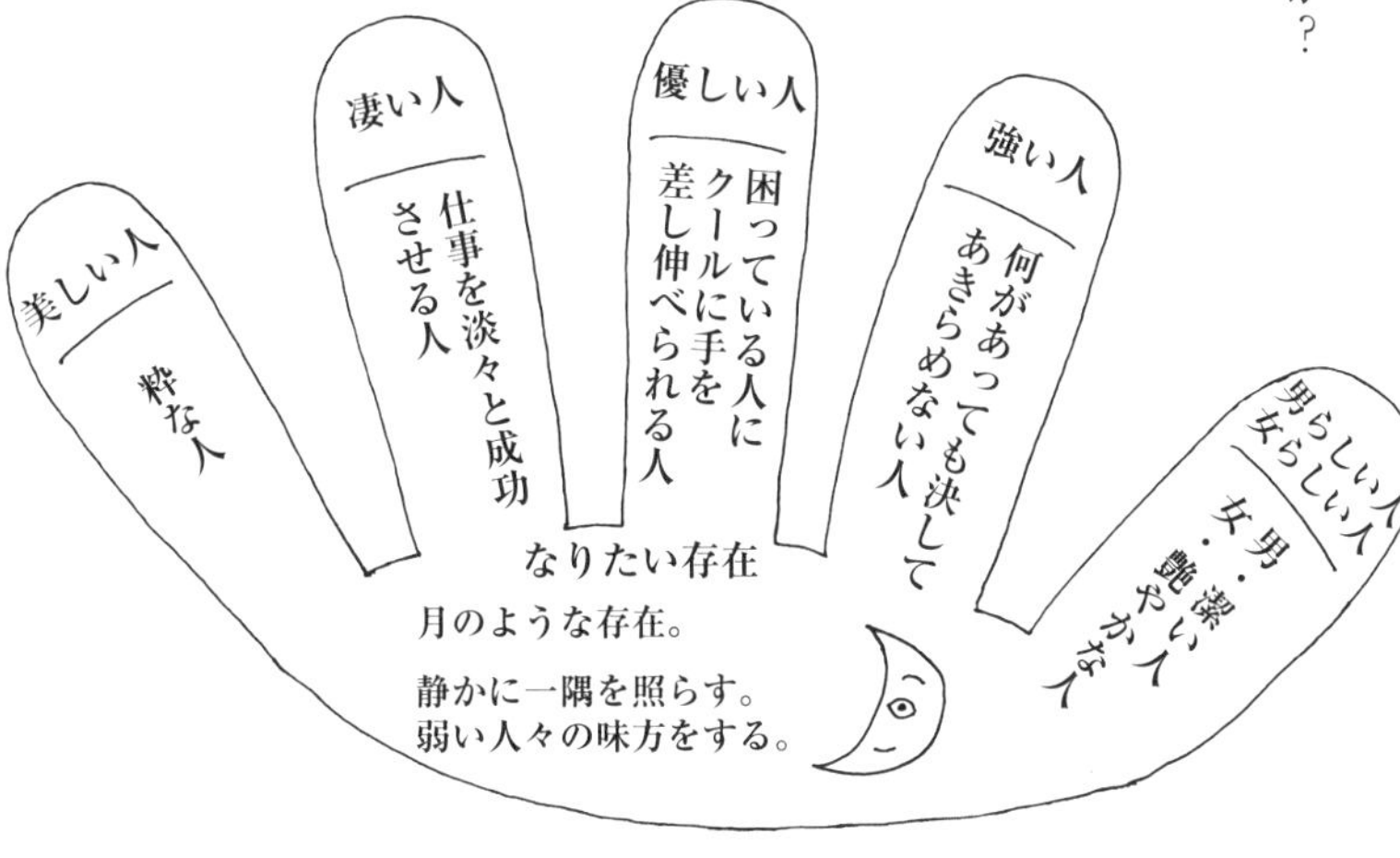
美しい人
粋な人
凄い人
仕事を淡々と成功させる人
優しい人
困っている人にクールに手を差し伸べられる人
強い人
何があっても決してあきらめない人
男らしい人
女らしい人
男・潔い人
女・艶やかな人
なりたい存在
月のような存在。
静かに一隅を照らす。
弱い人々の味方をする。

●強い人

・いざという時にリーダーシップが取れて周りまでしっかり見えている人。
・逆境にあっても、自分の考えを貫く人。
・決して諦めない人。
・常に自分を持っている人。
・他人に優しく、自分に厳しい人。
・精神的にタフな人。
・考えがしっかりしていて、能力を持ち、統率力がある人。
・どんなことにも動じない不動心をもち、ドーンと構えて存在感がある人。
・広い心を持っている人。
・体力だけでなく、メンタル面でも強い人。
・自分の感情とかを殺せる人。
・自分の弱さに負けない人。
・何事もめげずに頑張る人。

●優しい人

・無口でも、クールにわからないように助け船を出せる人。

・まわりが見えて誰にでも気遣える人。
・人の気持ちをわかって行動する人。
・友達を大事にする人。
・人と付き合うとき、相手に暖か味を感じさせる人。
・他人の事を考えることが出来る人。
・弱い人をよく助けてあげる人。
・嫌な人がいてもグチを言わない人。

凄い人

・自分の本当の夢を叶えた人。
・何事にもめげない人。
・友達がいっぱいいる人。
・仕事を成功させる人。
・家族を大事にする人。
・何でも出来そうな人。
・自立し、自分のやりたいことを自分の力で突き進めていく人。
・他人が出来ない事が出来る人。

・数百年間かけて万里の長城を造った中国古代の人々。
・ある分野において、天才的な能力を発揮できる人。
・自分のやりたいことがあって、それに向かって頑張っている人。

●美しい人

・オーラが出ている人。
・何でも出来る人。
・モデル体型な人。
・ファッションセンスのある人。
・お洒落な人。
・粋な人。
・好きな事を一生懸命やる人。
・その人がいれば、その場がパッと明るくなるような華がある人。
・自分の個性を持っている人。
・日本の皇太子妃の雅子様。綺麗で賢く、世界の中でアジアの花のような人。

●男らしい人

・ビシッとしている人。
・言い訳をしない人。
・弱い人に優しくする同情心がある人。
・女を幸せに出来る人。
・心が広い人。
・豪快な人。
・勇気があって頼りがいがある人。
・潔い人。

●女らしい人

・色気がある人。
・情緒が素直な人。
・着物の似合う人。
・優しくて、子供を育てて、心が広い人。
・しなやかで繊細な人。
・ふとした仕草にやわらかさがある人。

●こういう人になりたい

・キラキラ輝く星のように、みんなに夢を与えられるような人。
・太陽のような存在になりたい。周りを明るくする存在。
・月のような存在。人々の闇の中に指すひとすじの光。
・常にいろいろな事に好奇心を持ち、年取っても若い心でいれる人。
・私といるとリラックス出来るという人。
・心が温かくて、平和的な人。
・皆に優しいと言われ、仕事もちゃんと出来る人。
・周りの人を元気づけることが出来るような慕われる人。
・どんなことにもくじけず、「自分」というものを持った強い人。
・自分より、他人の事を考える人。
・同じアジアの人だから自分の力で、それも在日中国人として日中友好につくしたい。
・困っている人や悩んでいる人を手助け出来る存在になりたい。
・いつでも自分が羨ましがられる存在でいたい。でもきっと疲れちゃうんだろうな——。
・いつも自分のことは後回しで、だけど見た目きれい系を維持していける人。
・いざという時頼りにされる存在。
・友達にとって、どんな時も一緒にいてほしいと思われるような存在。

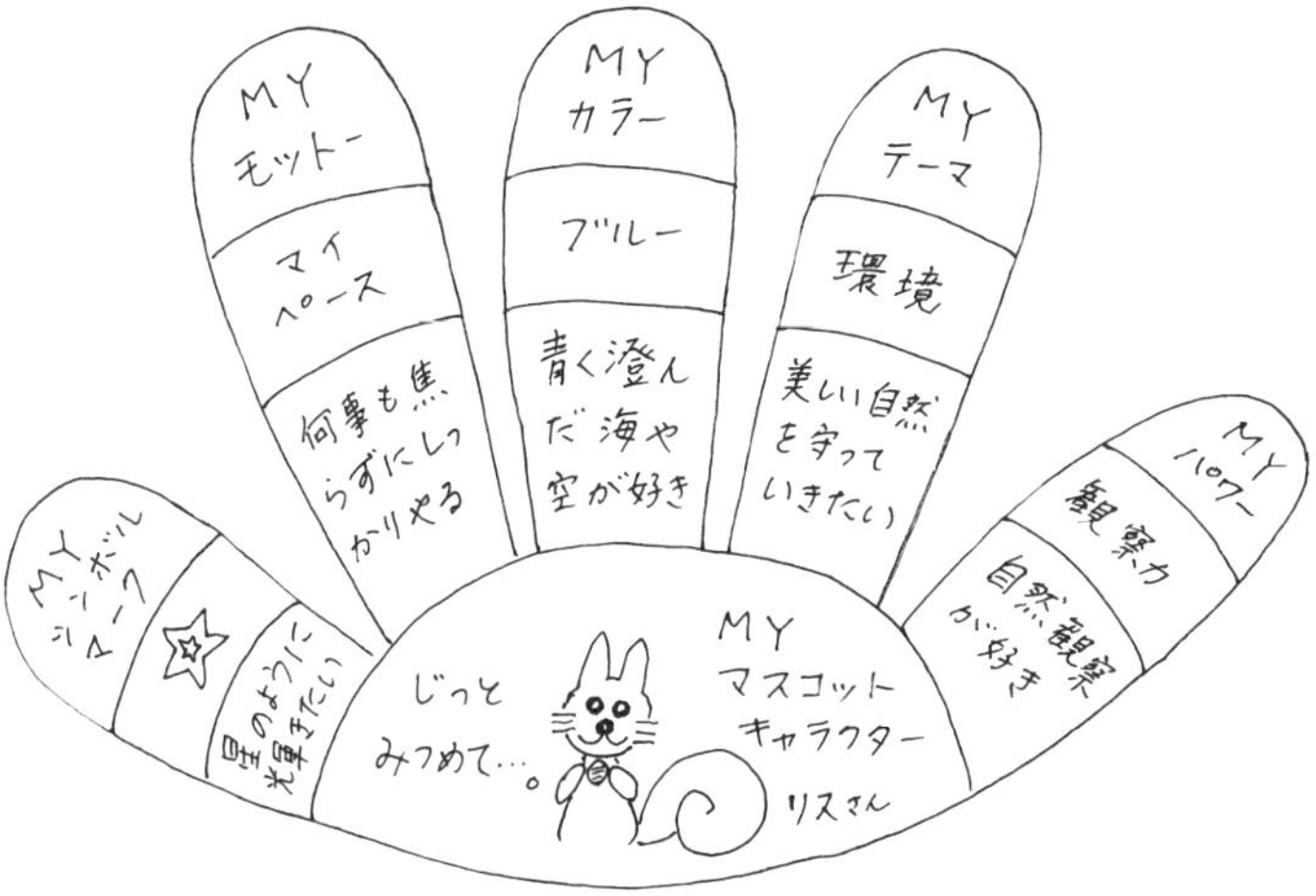
MY シンボルマーク
星のように光輝きたい
MY モットー
マイペース
何事も焦らずにしっかりやる
MY カラー
ブルー
青く澄んだ海や空が好き
MY テーマ
環境
美しい自然を守っていきたい
MY パワー
観察力
自然観察が好き
じっと みつめて…。
MY マスコットキャラクター
リスさん

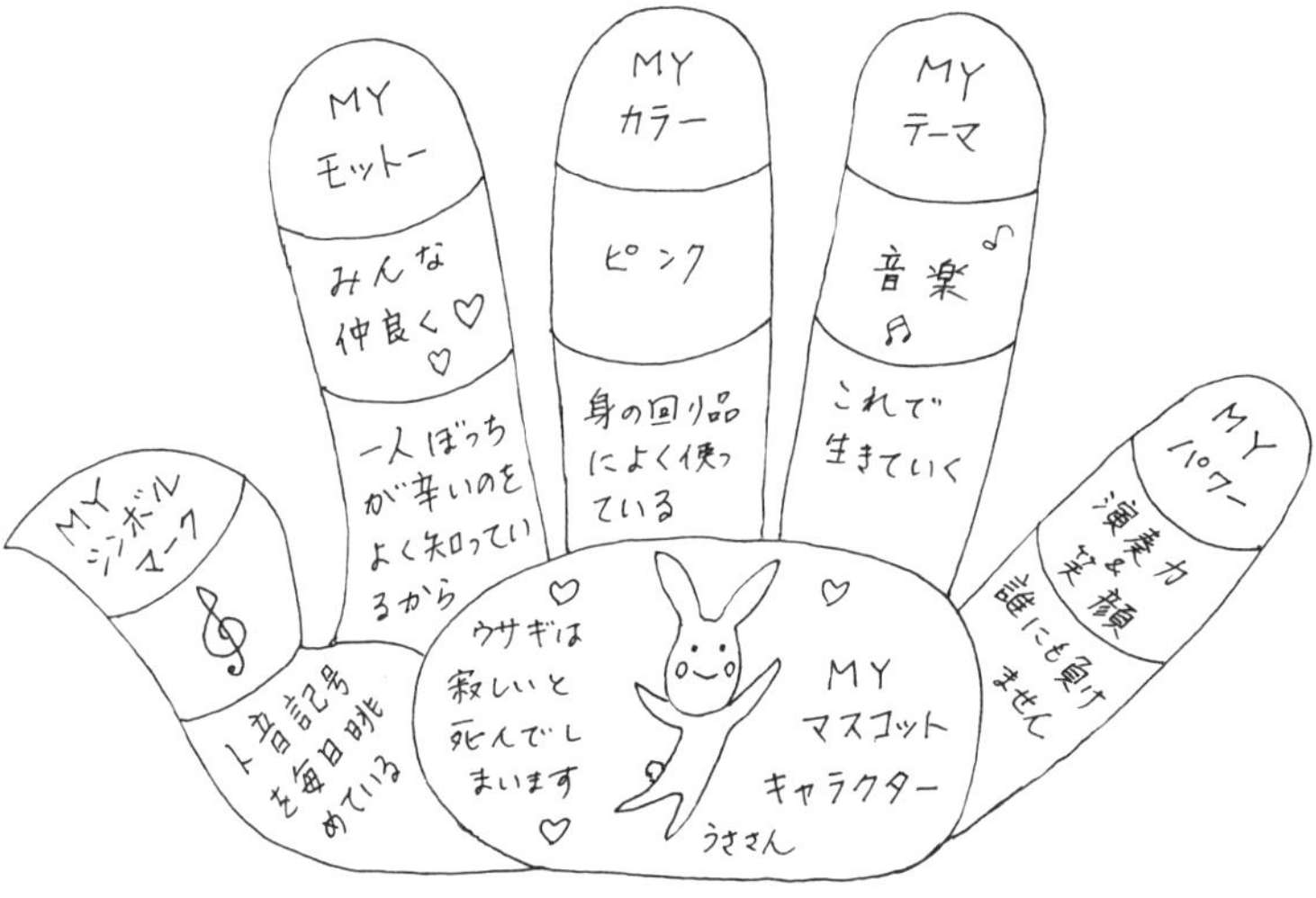
MY シンボルマーク
ト音記号を毎日眺めている
MY モットー
みんな仲良く
一人ぼっちが辛いのをよく知っているから
MY カラー
ピンク
身の回り品によく使っている
MY テーマ
音楽
これで生きていく
MY パワー
演奏力と笑顔
誰にも負けません
ウサギは寂しいと死んでしまいます
MY マスコットキャラクター
うささん

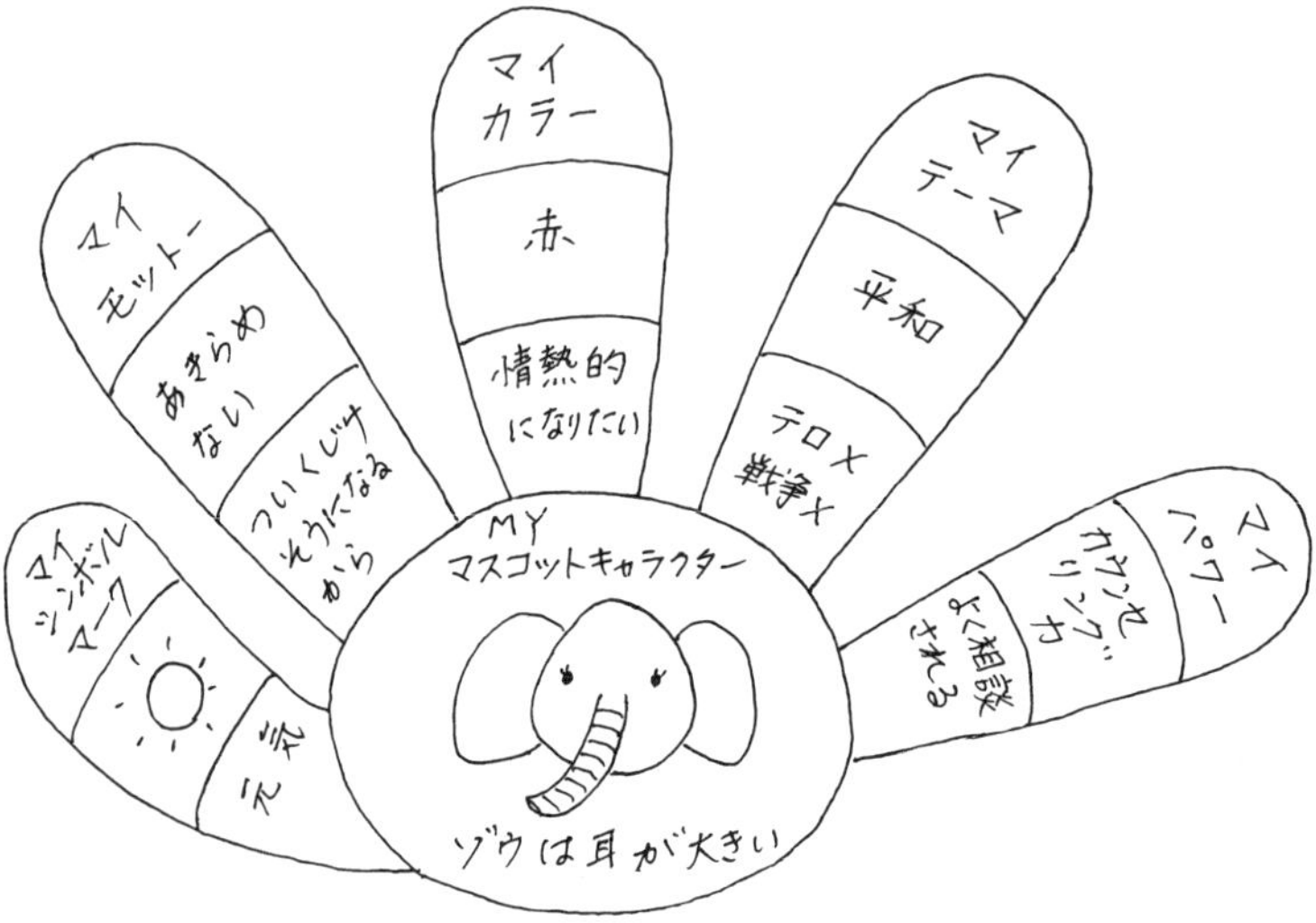

MY マスコットキャラクター
ゾウは耳が大きい
マイ シンボルマーク
元気
マイ モットー
あきらめない
ついくじけそうになるから
マイ カラー
赤
情熱的になりたい
マイ テーマ
平和
テロ× 戦争×
マイ パワー
カウンセリング力
よく相談される

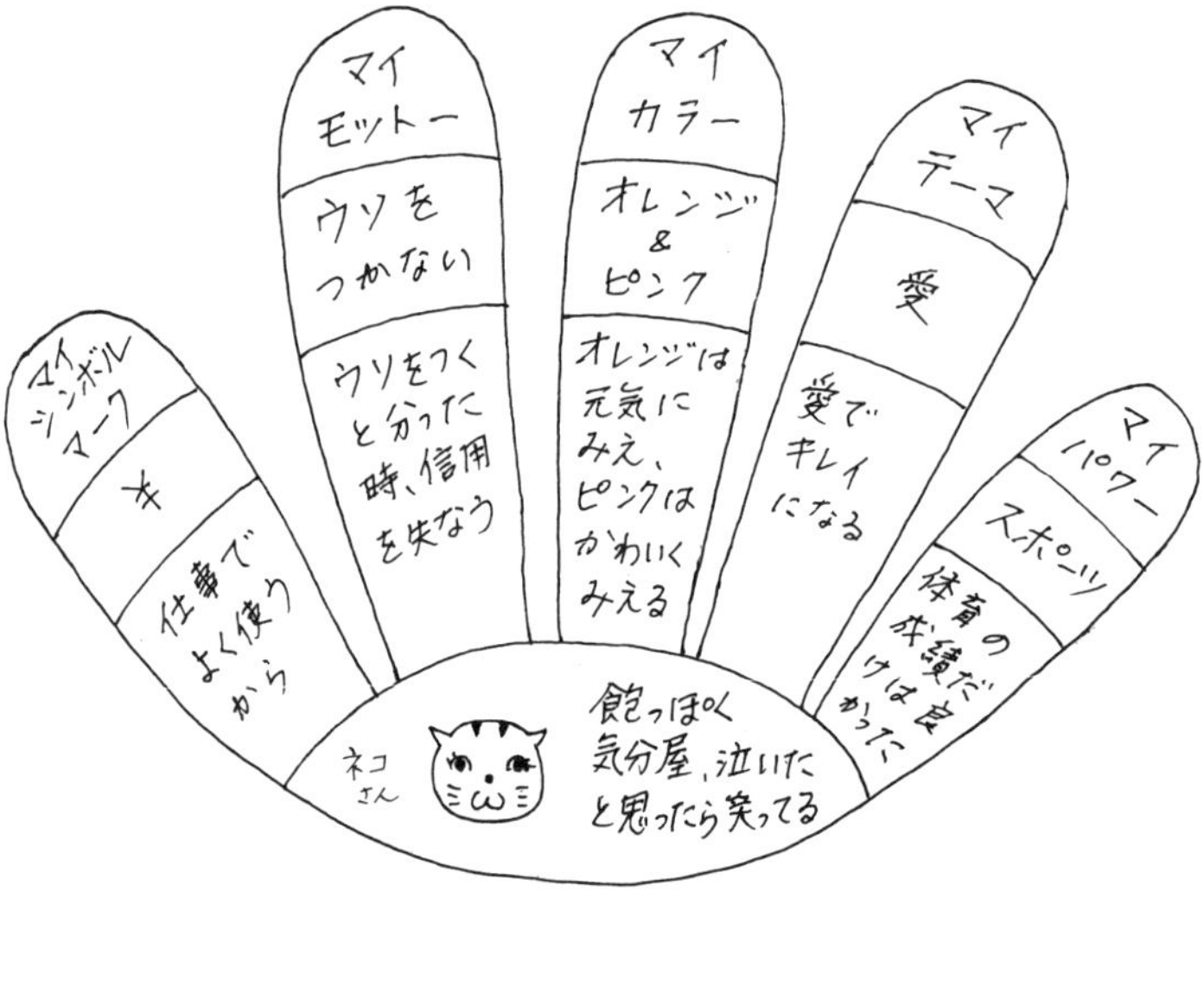

マイ シンボルマーク
＊
仕事でよく使うから
マイ モットー
ウソをつかない
ウソをつくと分った時、信用を失なう
マイ カラー
オレンジ & ピンク
オレンジは元気にみえ、ピンクはかわいくみえる
マイ テーマ
愛
愛でキレイになる
マイ パワー
スポーツ
体育の成績だけは良かった
ネコさん
飽っぽく気分屋、泣いたと思ったら笑ってる

●自己診断

・自分のシンボルマークやマスコットキャラクターなど、おもしろくて手が動き放しだった。
・どういう人になりたいのか分かりました。人生目標もわかりました。
・自分の形が少し見えてきた。少しズレ気味だけれども、そんな自分が好き。
・目標とする人がたくさんいることがわかった。もっと自分を磨かねば。
・なりたい自分がはっきりと出ていた。それは自分に影響を与えた人との出会いがきっかけで、今の自分はその時からつくられていることを実感した。

●コメント

右手のなりたい人になる言葉は、今回上げた以外にも、「自分に影響を与えた人」「魅力的な人」「尊敬できる人」「頭が上がらない人」などいろいろなバリエーションが考えられます。左手の自分づくりは、就職などキャリアデザインにも役立ちます。

4. おわりに

手のひらで自分づくりは、家庭、職場、地域でも簡単に応用できます。まちの手相易のように、さまざまな作品を展示するのもおもしろそうです。作品には、その人の目標や長所が書かれているので、「あなたはこういう人になりたいんですね」「こういう強みがあるんですね」など相手を受けとめ、診断や鑑定をしてあげるととても喜ばれます。学校や地域の文化祭などでおこなったら受けるかも知れません。

第六章　「ストリート」で自分の舞台をつくる

1. はじめに

ストリートというとどんなイメージを浮かべるでしょう？　ショッピングセンターと違って、屋内ではなく、自然と日常生活のある街中にあります。いろいろなお店が並んだショッピングストリート、銀行、証券が立ち並ぶファイナンシャルストリート、若者で賑わうヤングストリート、高齢者の集うノスタルジーストリート、一言でストリートといっても実にさまざまです。

今回は、こんなストリートがあったら、毎日でも訪れてみたい、自分が輝ける、心からそう思えるようなストリートをつくります。そうすると、自分の好きなこと、好きな雰囲気、憧れ、心が躍る場、関わりたい人々などがわかってきます。

シンボルイラストはストリートです。両サイドに店がならび、中央に通りのあるストリートです。（図1）直線でなく曲線のストリートがあってもいいですね。（図2）

では、ワークシートにそって、作品づくりに進みましょう。（図3）

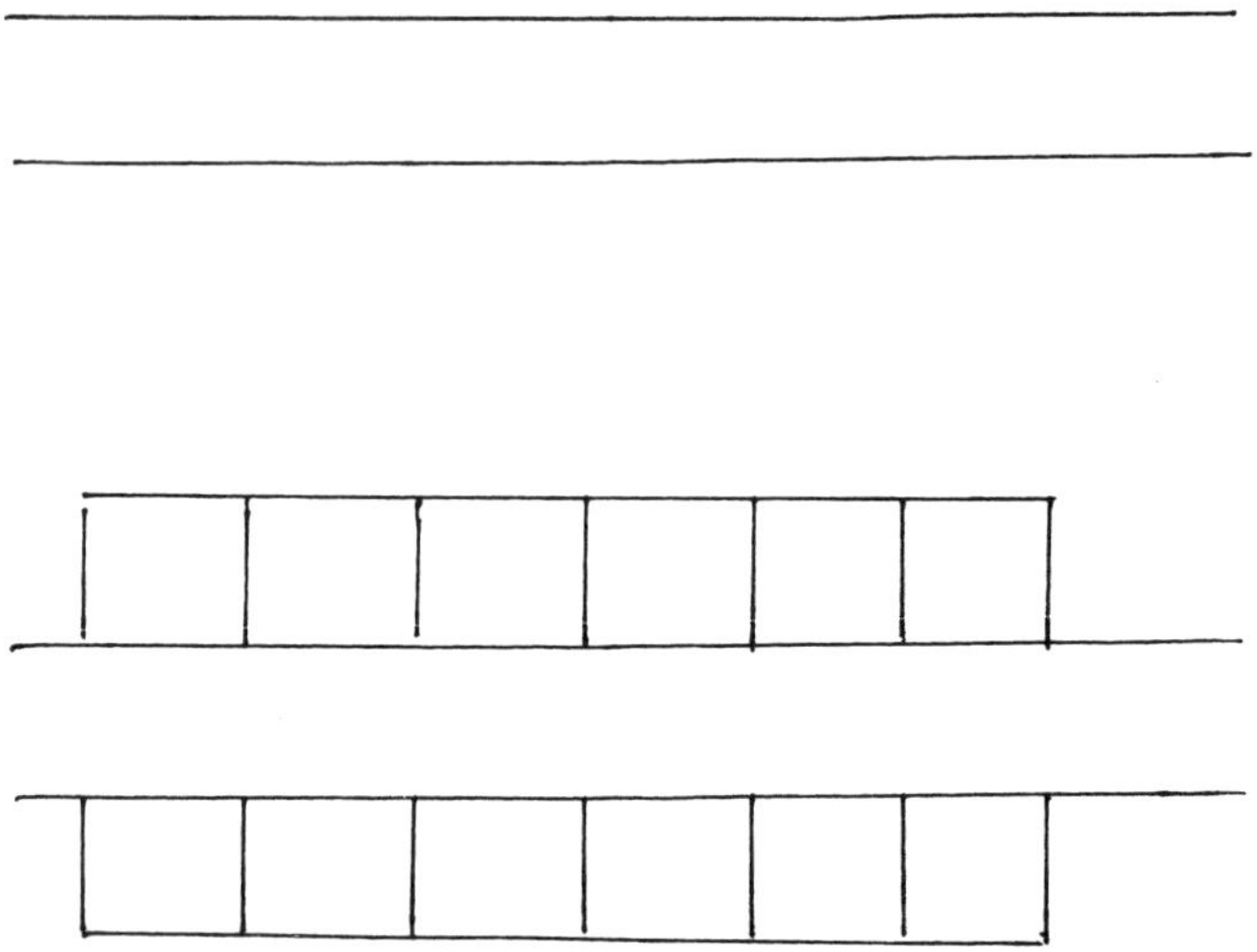

図　1

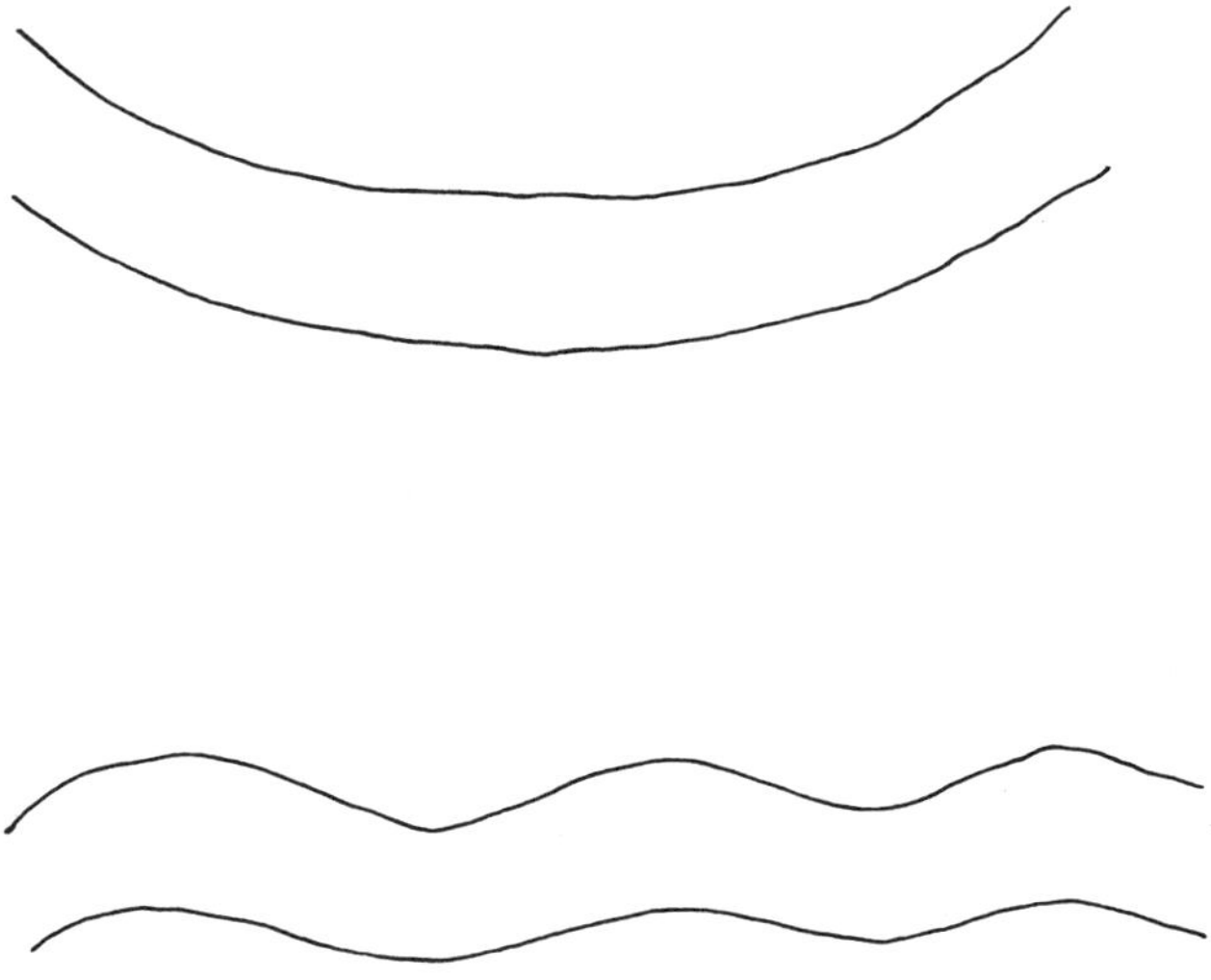

図　2

①好きなストリートをつくる	②ストリートの核をつくる
③ストリートパフォーマンスを観る	④ストリートに出店する
⑤自分診断	

図３．ワークシート（ストリート）

2. 作品づくり

① 訪れたいストリートをつくる

まず好みのお店が並んだ、自分のためのストリートをつくります。真ん中にストリートを、その両側に好きなお店を描いていきます。書店、菓子、カフェ、ブティック、ドラッグストアー、レストランなど、自分が良く行くお店や行きそうなお店をかき、そのお店の特徴もかいてみてください。自分の好みが一貫している人は似たようなお店が多いかもしれません。

書き終わったら、どういう特色のあるストリートか、ストリートにネーミングをつけてください。

回答例―（グルメ）ストリート（食べ物のお店がならんでいるから）

② ストリートの核をつくる

ストリートは、まず核となる施設や店舗があって、その周辺に関連のお店がならび、できていくことが少なくありません。巣鴨の地蔵通りは、とげぬき地蔵を奉ってあるお寺があって、その参拝客を相手にしたお店が並ぶ門前街でした。

そこで、次に、そのストリートの核となるお店や施設を作ります。つまり、そのストリートのメインとなる建物や施設です。自分のストリートで一番目立って存在感のある建物をかいてみてください。

回答例―デパート、美術館

③ ストリート・パフォーマンスを観る

魅力的なストリートでは、毎日行っても楽しめるようなさまざまなストリート・パフォーマンス＝大道芸が行われています。あなたのストリートでは何が行われていますか？　自分のストリートをいっそうにぎわせてくれるストリート・パフォーマンスをかいてみてください。

回答例―ダンス、占い、手品

④ ストリートに出店する

次に、そのストリートにあなたは自分のお店を出すことになりました。どんなお店を開きたいですか？　その自分のお店によって、ストリートがより華やかで素敵なものとなるように、自由に自分のお店を考えてみてください。

回答例―ミュージックショップ（いつも素敵な音楽を聴いていたい）

⑤ 自己診断

最後に自己診断です。①～④を通して、どんなことが見えてきましたか？　あなたのストリートの先には何がありますか？　自分がどこに向かっていますか？

3. 作品紹介

では、受講生の作品を見ていきましょう。

● 好きなストリートをつくる

通りに花が植えられ、ポケットパークがあり、とても落ち着くストリート。

帽子店、靴下店、パンツ店、傘店、アクセサリー店などお洒落なファッション関連のブティックが並ぶ。

Fruit Street

ここに来ると世界のあらゆるおいしいく栄養価の高い果物が食べられる。
フルーツ派、全員集合！

バラエティストリート
100

日常の生活用品が安く買える便利なストリート。食事も安く食べられる。

アミューズメントセンター

メリーゴーランド、ジェットコースター、回覧車がぬいぐるみ動物たちと一緒に楽しめる。

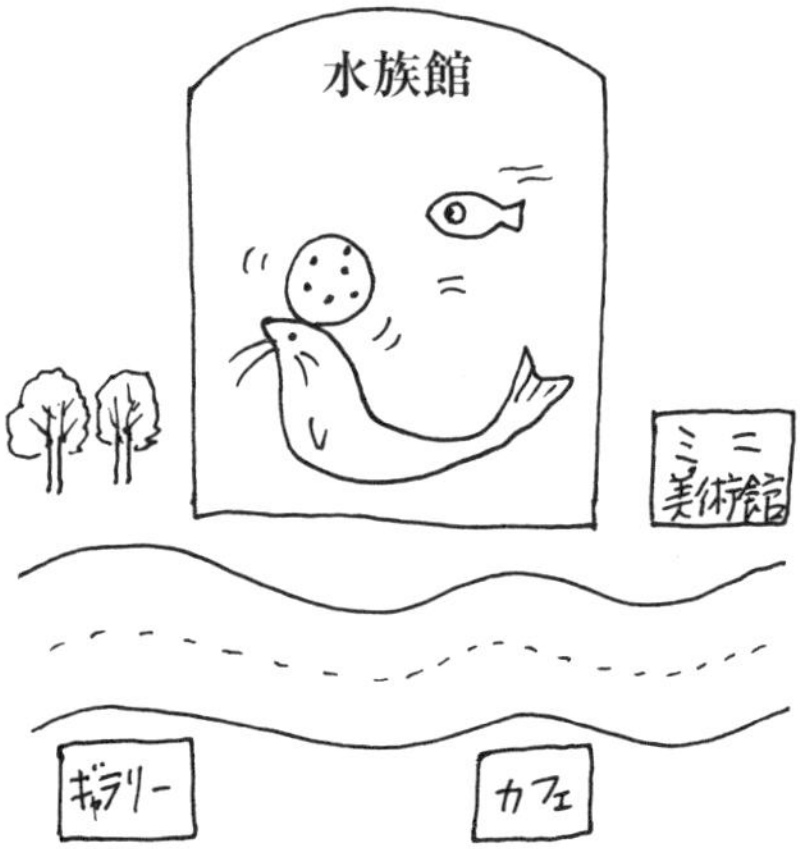

水族館を中心に美術館、ギャラリー、カフェなどアートフルな店が揃う。

大型温泉施設

スーパー銭湯で100種類の
お風呂でのんびりゆったり気分。
卓球、マッサージ、レストラン、
エステもあります。

ファッションモール

バック店、カツラ店、Tーシャツ店、
キッズファッションなどさまざまな
衣類が買える。

●ストリート・パーフォーマンスを観る

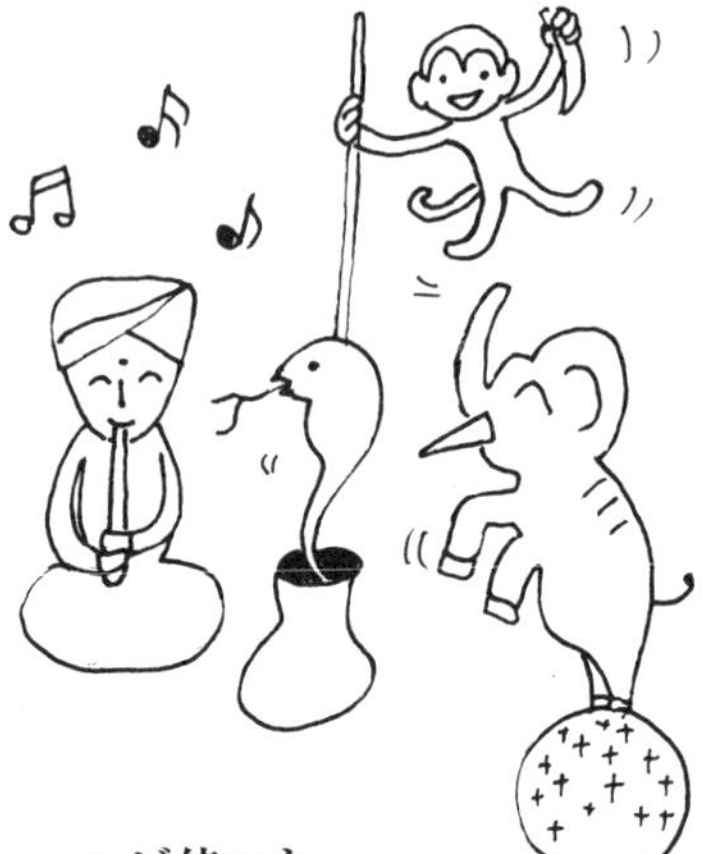

ヘビ使いと
動物の曲芸

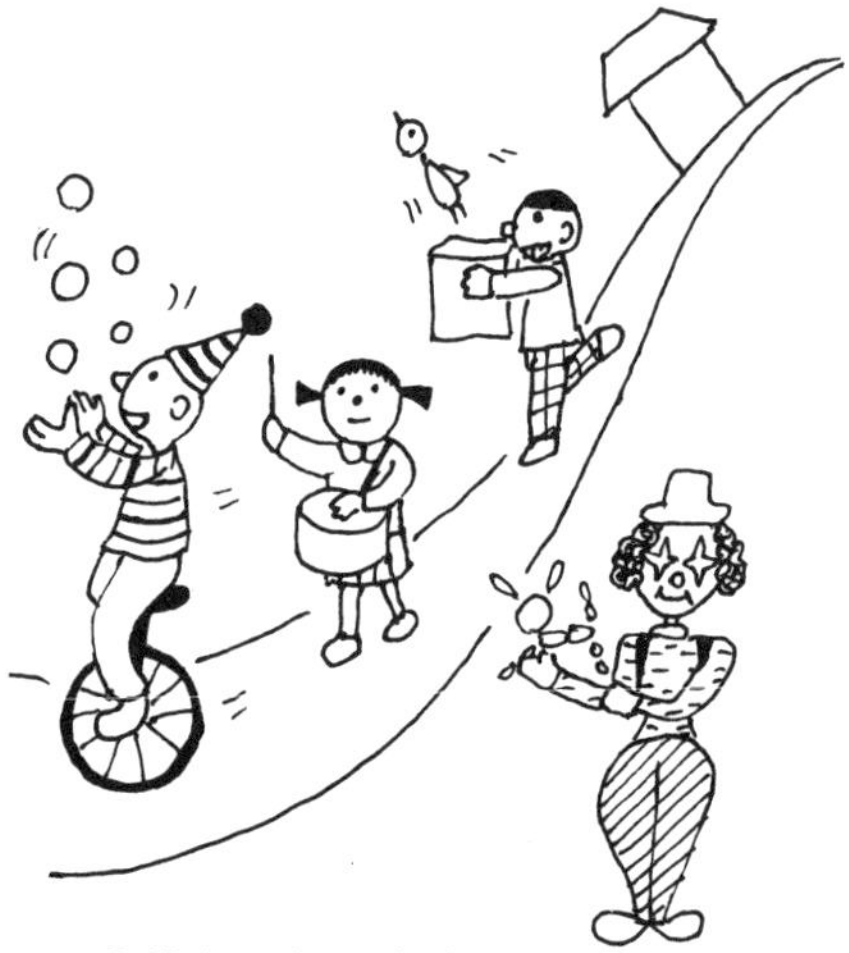

曲芸人たちの音楽隊

中国雑伎団少女姉妹の曲芸

突然サーカスのパレードが
始まるようなストリート

レストラン

１Ｆがテイクアウトのカフェ
２Ｆがレストラン＆カフェ
女性が喜びそうな
お洒落で、カロリー控えめ。

パン＆ケーキ

健康志向のお客さんに
栄養たっぷりのパンとケーキ
と料理をおいしく食べてもら
いたい。ビタミンC、鉄分い
っぱい、糖分控えめ。

ペットショップ

犬、猫などのほか珍しいペットも。ペットのエサやさまざまな商品を販売。ペット好きな人々、来て下さい。

居酒屋

裏通りの居酒屋さん通りに母と小さい店を出す。母が料理をつくり、私が接客。仕事帰りのおじさまと若いカップルに来て欲しい。

●自己診断

・カフェとギャラリー中心で、音楽や絵を売ったり見てもらったりしたい。ここに描いた店をいつか出したい。

・3つにカフェが登場している。ゆったりとした雰囲気が好きなので、人がのんびりできるカフェを描いたのかなと思う。

・ゆったり、のんびりとした人生が歩めたらいいと思っている。人と話すのが好きだし、人の集まるところも好き。人の話を聞くのも好き。お酒も好きだからふっと居酒屋ってでてきたけど、店開けたら毎日 happy と思う。

・好きな物は温かみのあるシンプルな雑貨ということをしみじみ感じた。自分の好きな店ばかりがあるこんなストリートがあったらいいのになぁと思った。自分の店を考えるのがすごく楽しかった。まだまだ思い浮かびそう。

・自分が描くストリートは、映画で見るような外国のストリートという感じだった。やはり、外国に憧れているということに気づいた。輸入雑貨屋はやってみたい。

・自分は本当に食べ物が好きなんだと思う。出店する食べ物屋のメニューを考えるだけでも楽しかった。幸せなひとときでした。

●コメント

ストリート・パーフォーマンスをみているとまるでまちにサーカスがやって来たようで、わくわくしますね。

全体としては、日常生活がそれだけ忙しいことの裏返しでしょうか、多くの受講生が長時間語り合えるような、ゆったりとしたスペースを欲しがっているようです。

4. おわりに

ストリートに出店するなんて夢のように思われるかもしれません。でも、昨年の秋、私のゼミでは、街中のストリートフェスティバルで、「まるごと動物園」という店を出店しました。動物を使ってのゲームや商品の販売、展示をおこない、親子連れで賑わいました。この本の第一章のデジ亀も実際につくり、販売しました。

参加した学生たちは、出店することによって、大きな達成感を味わうことができました。自分が苦労した分、それだけのものが返ってくるということが分かりました。準備段階ではメンバー同士でギクシャクすることもありましたが、それも自然といい方向へと解決することができ、本番は楽しく行うことができました。

一人のゼミ生が語っています。「まるごと動物園の成功は一人一人の努力があったからというのもそうですが、これまで多くの活動をゼミのみんなでやり遂げ、そのチームワークの良さがあったからだと思います。良い仲間と共に頑張れたことはうれしかったです。　多くの経験を通したくさんのことを学んできましたが、ゼミ生や社会人の方をふくめいろんな人と出会い、交流を持てたことが何よりも私の中で大きいです。」

自己実現は自分一人だけでなく、みんなで力を合わせてより大きなことを達成するなかにもたくさんあります。

第七章　「パレット」で色彩感覚を磨く

1. はじめに

「手のひらで自分づくり」の章で、マイカラーについて取り上げました。色彩は重要なテーマで多くの人が関心をもっているので、今回は、少し掘り下げ、色彩を通じての心のコミュニケーションを取り上げます。

服を例にとると、結婚式や葬式のとき、新郎新婦を目立たせたり、悲しみのメッセージを伝えたりするため、式場は黒一色になります。スポーツチームのユニフォームや会社、学校の制服も集団との一体感をもたせるために多くは統一カラーを用いています。このように色彩は社会生活と密接な関りがあります。

ただ、ふだんの生活においては、私たちは自由に好きな色を選んでいます。ここでは、その色がなぜ好きなのか、その色と性格や気分とどういう関係があるのか、どうしたらもっと色彩感覚を磨くことができるのか、作品づくりを通じて考えていきます。

シンボルイラストは、色彩にふさわしくパレットです。パレットの基本は長方形で、上に小さな4つのボックス、下の左に親指を入れる円、右にマトリックス（座標軸）がきます。ボックスには絵と説明文が入ります。（図1、2）

では、ワークシートの番号にそって、作業を進めましょう。（図3）

図　1

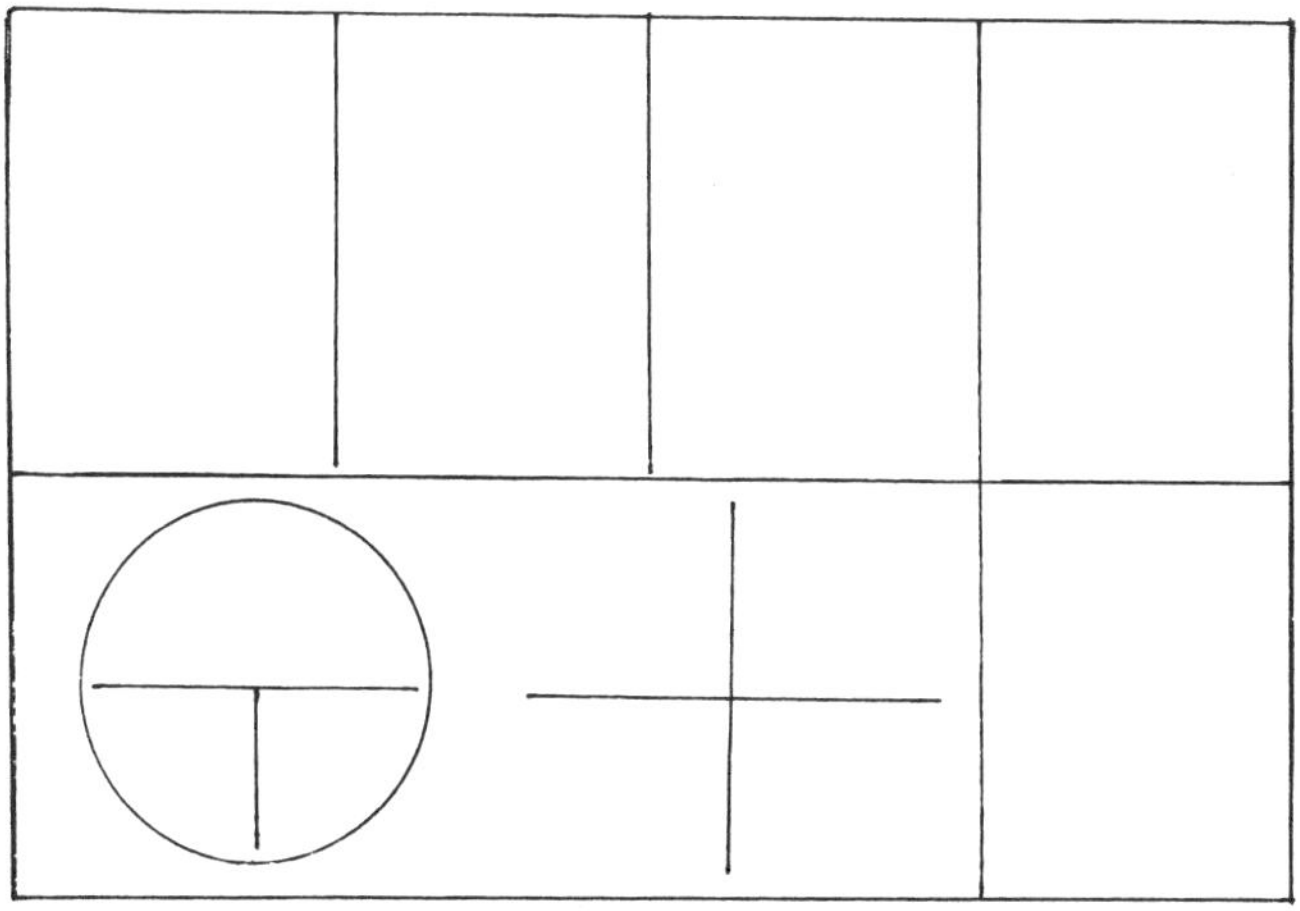

図　2

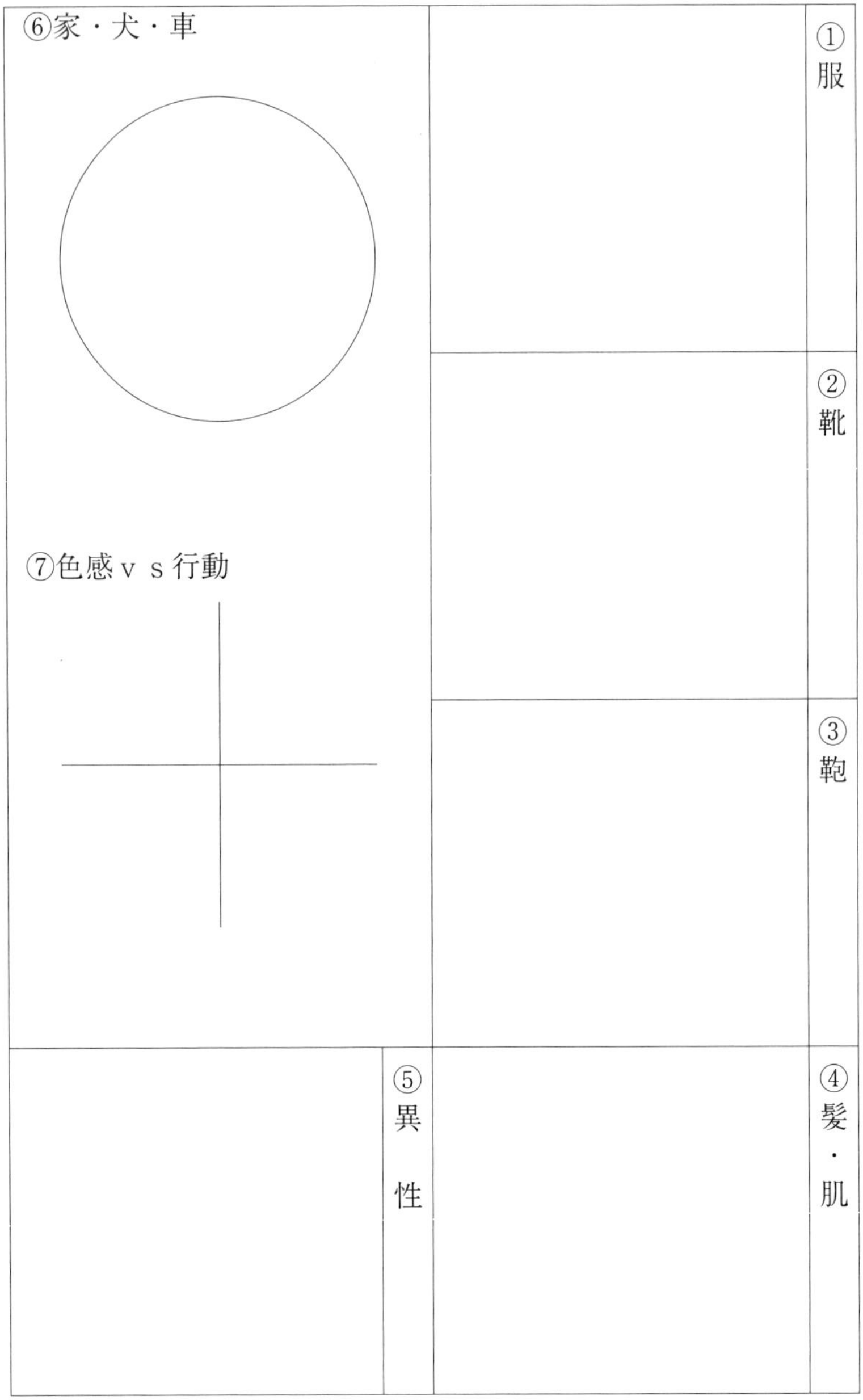

図3．ワークシート（パレット）

2. 作品づくり

① 服

最初のボックスは服です。服をかいて、好みの色づけをしてください。そしてなぜその色にしたのか理由をその下にかいてください。

② 靴

二番目は靴です。靴をかいて、好みの色づけをしてください。そしてなぜその色にしたのか理由をその下にかいてください。

③ 鞄

三番目は持ち物です。靴をかいて、好みの色づけをしてください。そしてなぜその色にしたのか理由をその下にかいてください。

④ 髪と肌

四番目は自分の髪の毛や肌の色です。顔をかいて、髪の毛と肌に好みの色づけをしてください。そしてなぜその色にしたのか理由をその下にかいてください。

⑤ **異性**

次は、自分と合いそうな異性を色のイメージで表します。全体をかいて、色づけをしてください。そしてなぜその色にしたのか理由をその下にかいてください。

⑥ **家・犬・車**

今度は、家と犬と車です。買う場合、あなただったら何色にしますか？　パレットの下左の円に、家、犬、車を描き、自分のイメージに合う色づけをしてください。

⑦ **色感と行動のマトリックス**

最後に、色と行動の相関関係について探ります。縦軸に色彩感覚の派手、地味、横軸に行動の派手、地味を取り、自分及び家族や目標とする人がマトリックスのどこにいるか、配置してください。自分がなぜその色を好むかヒントがわかるかもしれません。

⑧ **自己診断**

（1）どんな自己発見、再発見がありましたか？

（2）絵に個性や自己主張がありましたか？

（3）終わってみてどんな気分ですか？　癒しはありましたか？

以下、色のイメージの一般的な例です。自己診断の参考にしてみてください。

赤―情熱、積極性、エネルギー、パワー。
黄―明るさ、快活、陽気、幸せ。
オレンジ―元気、親しみ、喜び、開放性、暖かさ。
緑―くつろぎ、癒し、安全、中庸。
青―落ち着き、理想、希望、誠実、忠誠、怜悧。
紫―高貴、不安、神秘、癒し。
白―純粋、清潔、素直、奉仕。
黒―不安、悲しみ、恐怖、高級感、おしゃれ。
グレー―地味、落ち着き、不安、上品。
茶―落ち着き、地味、平凡。
ピンク―かわいらしさ、優しさ、弱さ、甘え。

3. 作品紹介

では、受講生の作品をいくつか紹介します。

●●●
鞄 靴 服

服			
	基本的に茶色が好き。Western な感じ。白は綺麗で合わせやすい。	青・緑。 差し色で着ることが多い。	緑・落ち着くから 白・色が白いから
靴			
	基本は白。黒に白のポイントとか、どこかに白が必要な気がする。	茶・黒 どんな服にも合わせやすいから。	白に緑の縁のシューズ 黒のビジネスシューズ
鞄			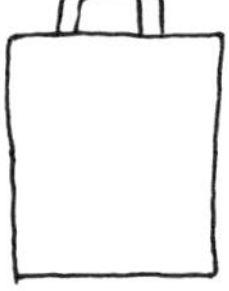
	なんとなく。黒のバックが多いから。	持っている服に似合うから。	黒・無難な色 緑・来ている服と合う

●髪と肌
●異性

髪と肌			
	髪は自然色。結構濃い目。肌は美白しよっと！！	肌は美白して綺麗な白。髪は傷みが目立たない茶色。	日本人は黒が一番かっこいい。肌は健康であればいい。
異性			
	色のバランスが大切。黒や白が好きかな。	髪は黒、肌は茶褐色。服は上は白、ズボンは黒。	大和撫子の髪は黒が一番似合う。服は地味だが品がある色。

● 家・犬・車
● 色彩感覚 vs行動

家・犬・車	純白じゃないけど白色系のクリーミーな感じ。  Black　白のラブラドール。きれいだし癒される。	屋根とドアはこげ茶、窓は白。家全体は薄茶。  黒　黒か茶の垂れ耳犬
色彩感覚 vs 行動	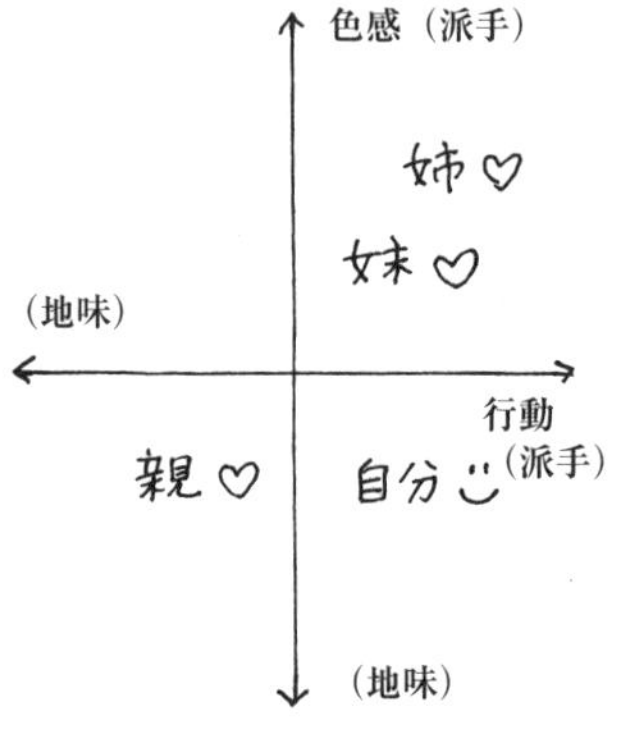色感（派手） 姉♡ 妹♡ （地味） 行動（派手） 親♡ 自分 （地味）	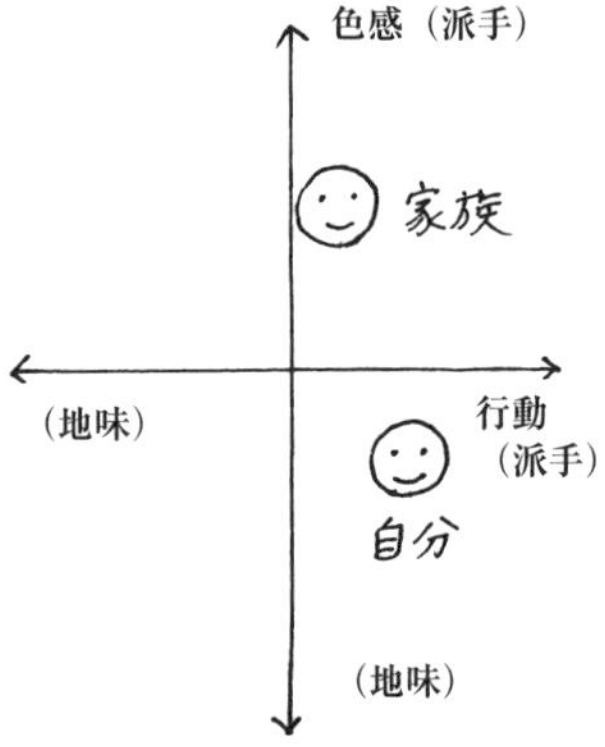色感（派手） 家族 （地味） 行動（派手） 自分 （地味）
	好きな色は white, black, brown 何か楽しいいい気分☆	色感は意外にも地味。新しい色に挑戦して自己再発見したい。

●自己診断

・色のことを考えて楽しい気分になれた。
・もともと色彩には関心があったので、とても興味がそそられた。
・着るモノの色を変えることによって思い切って行動を変えてみたい。
・派手に憧れながら、地味の空に閉じこもっている自分がいた。
・今後色と上手につきあっていきたい。
・家と犬と車が欲しくなった。
・自分の色彩感覚が、家族に影響されていることがわかった。みんな地味。
・色彩についてもっと知りたい。できればそうした仕事をしたい。

●コメント

今回は、服、靴、鞄等身近なものを取り上げましたが、季節によっては、コート、マフラー、傘などを取り上げることもできます。また、色鉛筆を使ってやってみるとよりリアルな実感があります。

4. おわりに

私のデザインの講座で、この春、カラーによるアニマルセラピィと題して、受講生に粘土で好きな動物をつくってきてもらい、小グループにわかれて、自分の好きな色で塗る作業をしてもらったことがあります。みな和気相合として色塗りにのめり込んでいました。青いゾウ、ピンクのキリン、オレンジの豚、黄色い猫、紫色の犬、現実には存在しないカラフルな動物たちが仕上がりました。その後、ゲストとしてお招きした、カラーコーディネーターでハートセラピィ学会メンバーの松居さんに、色彩分析をしてもらいました。受講生には色ごとに動物の作品をもって立ち上がってもらい、色の特徴や作り手の性格や気分ついての説明がなされると、みな妙に納得したようにうなずいていました。クラス全体が癒された密度の濃い一時間になりました。

その後、この小さな動物たちは、大学のある地元商店街のあちこちのお店のショーウインドーや施設の空間に展示され、地域の人々の癒しとコミュニケーションに役立っています。

第八章 「木の葉」で自然に触れ、夢を育む

1. はじめに

「葉っぱのフレディ」（童話屋）という素敵な絵本があります。春に生まれた葉っぱのフレディが夏に向かって成長し、ダニエルやクレアやアルフレッドなど他の葉っぱと仲良くなり、人々の日陰になるなど一緒に仕事をし、秋には紅葉し、そして冬になり、一枚一枚葉っぱが落ちて、最後、フレディも命つきて、雪の地面に舞い降りるという葉っぱの短い一生の物語です。一年のいのちの旅が感動を呼びました。

今回は、シンボルイラストを木の葉に、自然と夢や思い出について考えます。自分が、木の葉になり、ずっと外に出て木にぶら下がっているつもりで、想像をふくらませてください。（図1）

木の葉の形は、もみじ、いちょう、さくら、いろいろあります。葉の中に、顔の表情をつけると、気持ちがよりよくわかります。（図2）

ワークシートの①～③ボックスには、葉の絵と点線の下に文章が入ります。④と⑤は、中心が木で、そこからいくつもの枝が伸び先に葉がついています。（図3）ではワークシートに沿って、作品づくりを進めましょう。

図　1

図　2

	朝	昼	夕	晩
①一日				
	春	夏	秋	冬
②四季				
	山	海	都会	郷里
③場所				
	④育てる木		⑤思い出の木	

ワークシート（木の葉）

2．作品づくり

① 一日―朝昼夕晩

あなたは朝方人間ですか、夜型人間ですか？　それによって一日の気分も大部違うでしょう。では、木にぶらさがっている葉っぱになったつもりで、朝、昼、夕、晩の気持ちをかいてみてください。

② 四季―春秋夏冬

今度は一年です。春秋夏冬、どの季節が一番好きですか？　春は明るくさわやかなイメージがありますが、花粉症の人にとってはつらい季節かもしれませんね。葉に託して、かいてみてください。

③ 場所―都会・山・海・郷里

今度は場所です。最初は都会の雑踏です。ビルが建ち並んでいます。車も途絶えることがありません。大勢の人がいます。活気があります。通りの並木にぶらさがっていて、どんな気分ですか？

次は、山です。数多くの木々がおおい繁っています。静寂です。空気はおいしいです。鳥の声も聞こえます。遠くに町並みが見えます。どんな気分ですか？

そして海です。木も松や椰子の木になりそうです。どの海を思い浮かべますか？　場所によっては、松林だったり椰子の木だったりします。太陽が降り注いでいて、遠くにヨットがみえるかもしれません。どんな気分ですか？

最後に、自分の郷里です。どんな木があって、どんな気分ですか？

④ **育てる木**

木と木の葉は、何かを育むイメージがあります。あなたが、これから育てていきたいものは何ですか？　木の葉に書き入れて下さい。

回答例―マナー、コミュニケーション力、体力

⑤ **思い出の木**

この思い出の木には楽しい、懐かしい思い出の葉をいろいろつけてください。心が温まります。

回答例―卒業式、結婚式

⑥ **自己診断**

最後に自己診断です。

（1）どんな自己発見、再発見がありましたか？

（2）絵に個性や自己主張がありましたか？

（3）終わってみてどんな気分ですか？　癒しはありましたか？

3．作品紹介

では、いくつかの作品を紹介します。

●一日

●四季

●場所

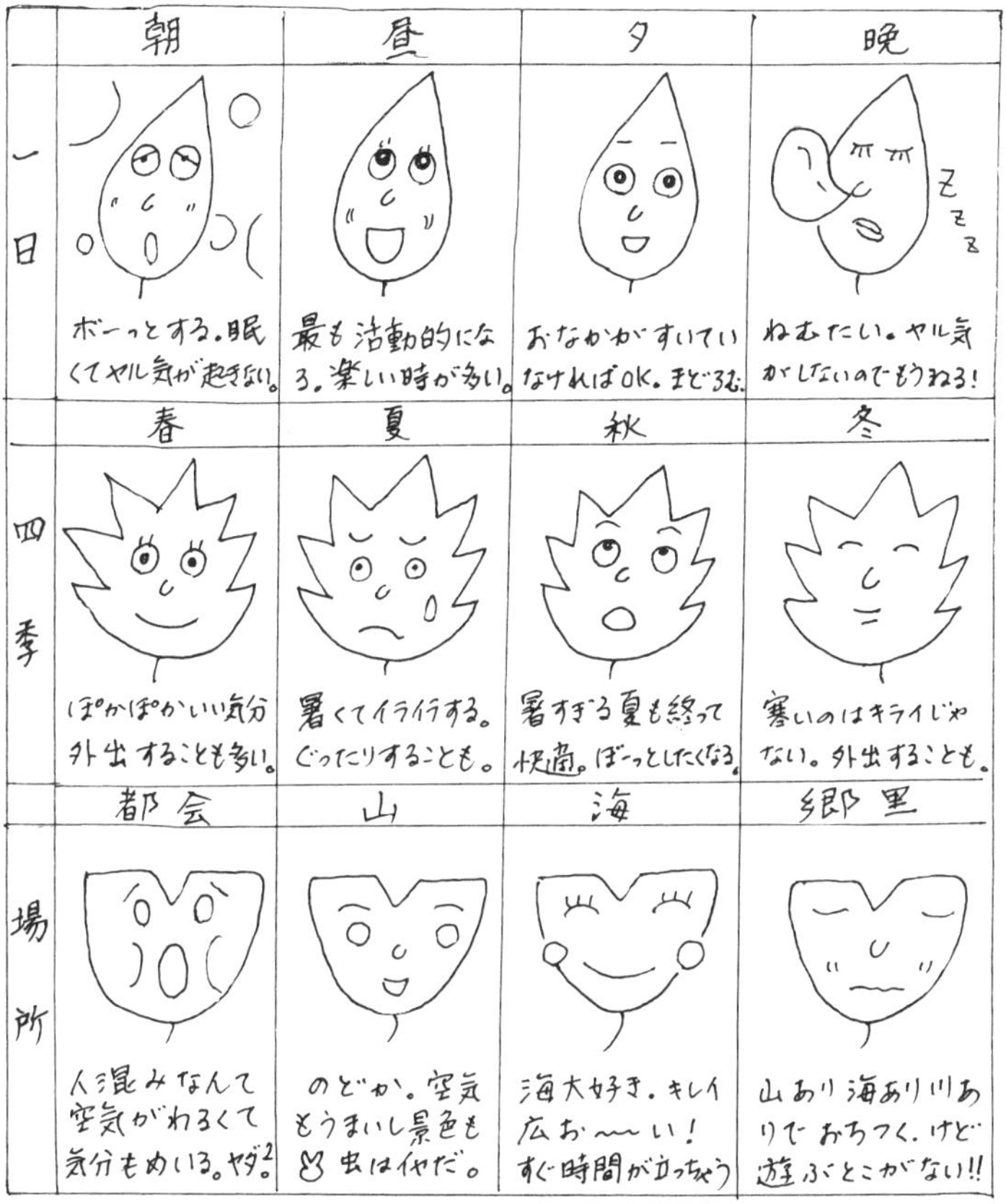

朝
昼
夕
晩
一日
ボーっとする。眠くてヤル気が起きない。
最も活動的になる。楽しい時が多い。
おなかがすいていなければOK。まどろむ。
ねむたい。ヤル気がしないのでもうねる!
春
夏
秋
冬
四季
ぽかぽかいい気分外出することも多い。
暑くてイライラする。ぐったりすることも。
暑すぎる夏も終って快適。ぼーっとしたくなる。
寒いのはキライじゃない。外出することも。
都会
山
海
郷里
場所
人混みなんて空気がわるくて気分もめいる。ヤダ²。
のどか。空気もうまいし景色も虫はイヤだ。
海大好き。キレイ広お〜〜い!すぐ時間が立っちゃう
山あり海あり川ありでおちつく。けど遊ぶとこがない!!

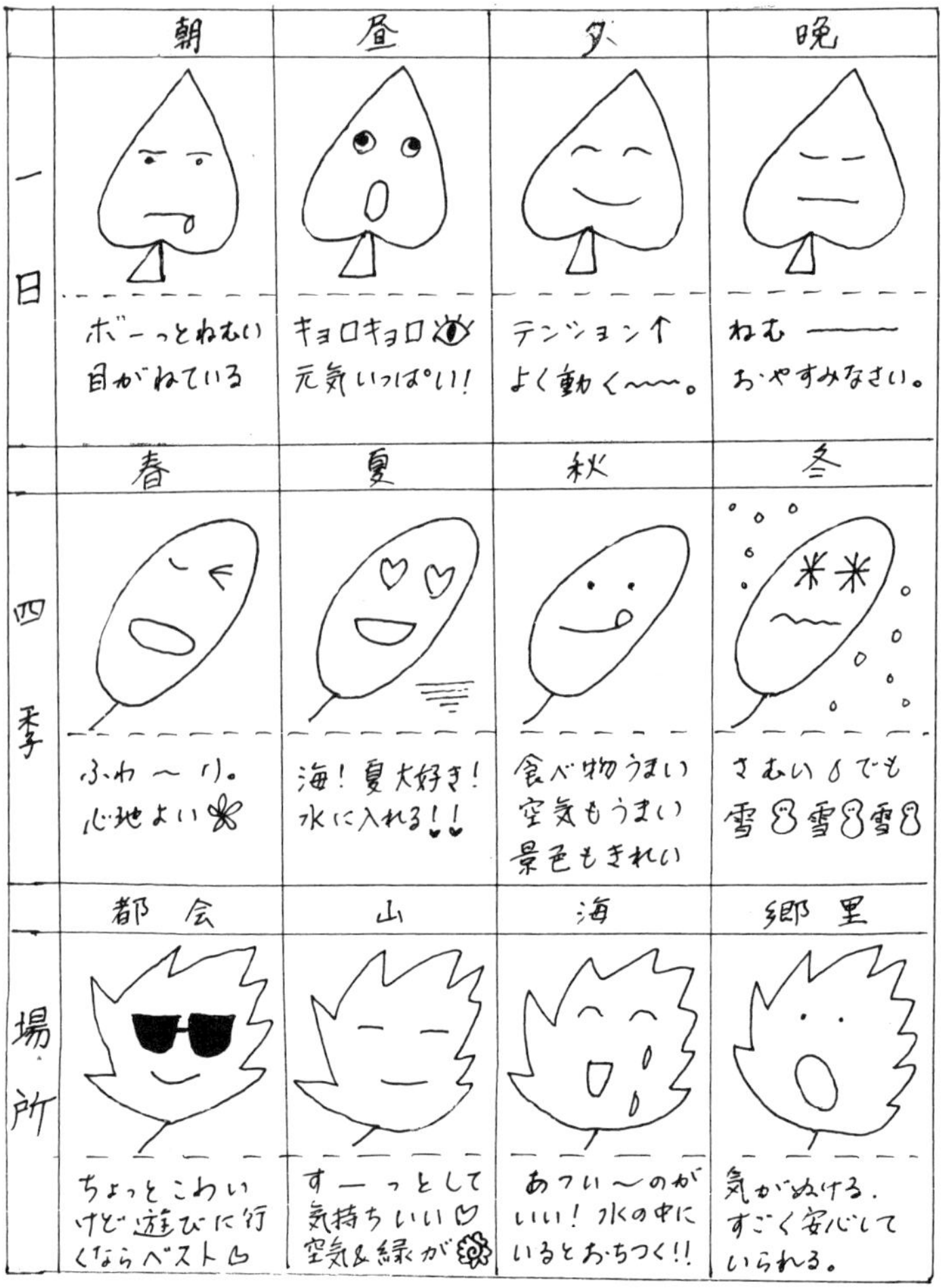

朝
昼
夕
晩
一日
ボーっとねむい
目がねている
キョロキョロ
元気いっぱい!
テンション↑
よく動く〜〜〜。
ねむ――
おやすみなさい。
春
夏
秋
冬
四季
ふわ〜り。
心地よい
海!夏大好き!
水に入れる!!
食べ物うまい
空気もうまい
景色もきれい
さむい でも
雪 雪 雪
都会
山
海
郷里
場所
ちょっとこわいけど遊びに行くならベスト
すーっとして気持ちいい
空気&緑が
あつい〜のがいい!水の中にいるとおちつく!!
気がぬける。すごく安心していられる。

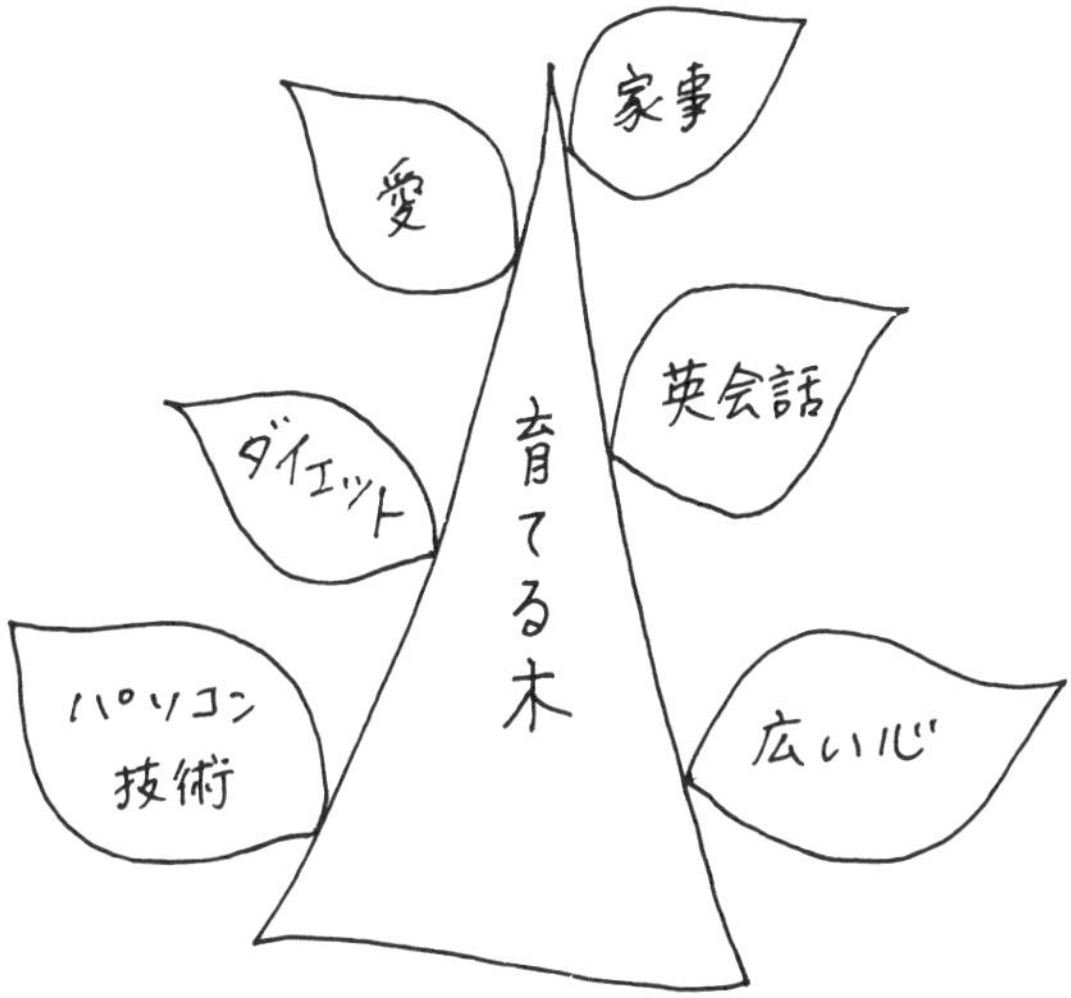
家事
愛
英会話
ダイエット
育てる木
パソコン
技術
広い心

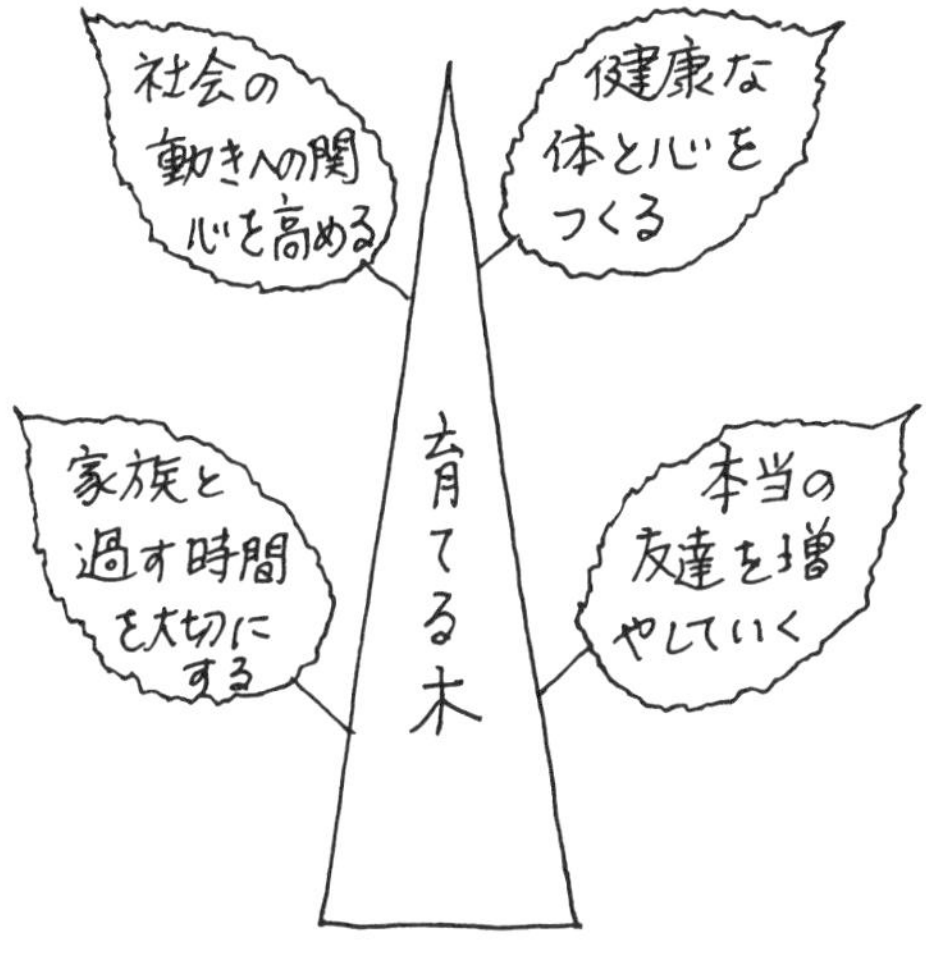
社会の
動きへの関
心を高める
健康な
体と心を
つくる
家族と
過す時間
を大切に
する
育てる木
本当の
友達を増
やしていく

●思い出の木

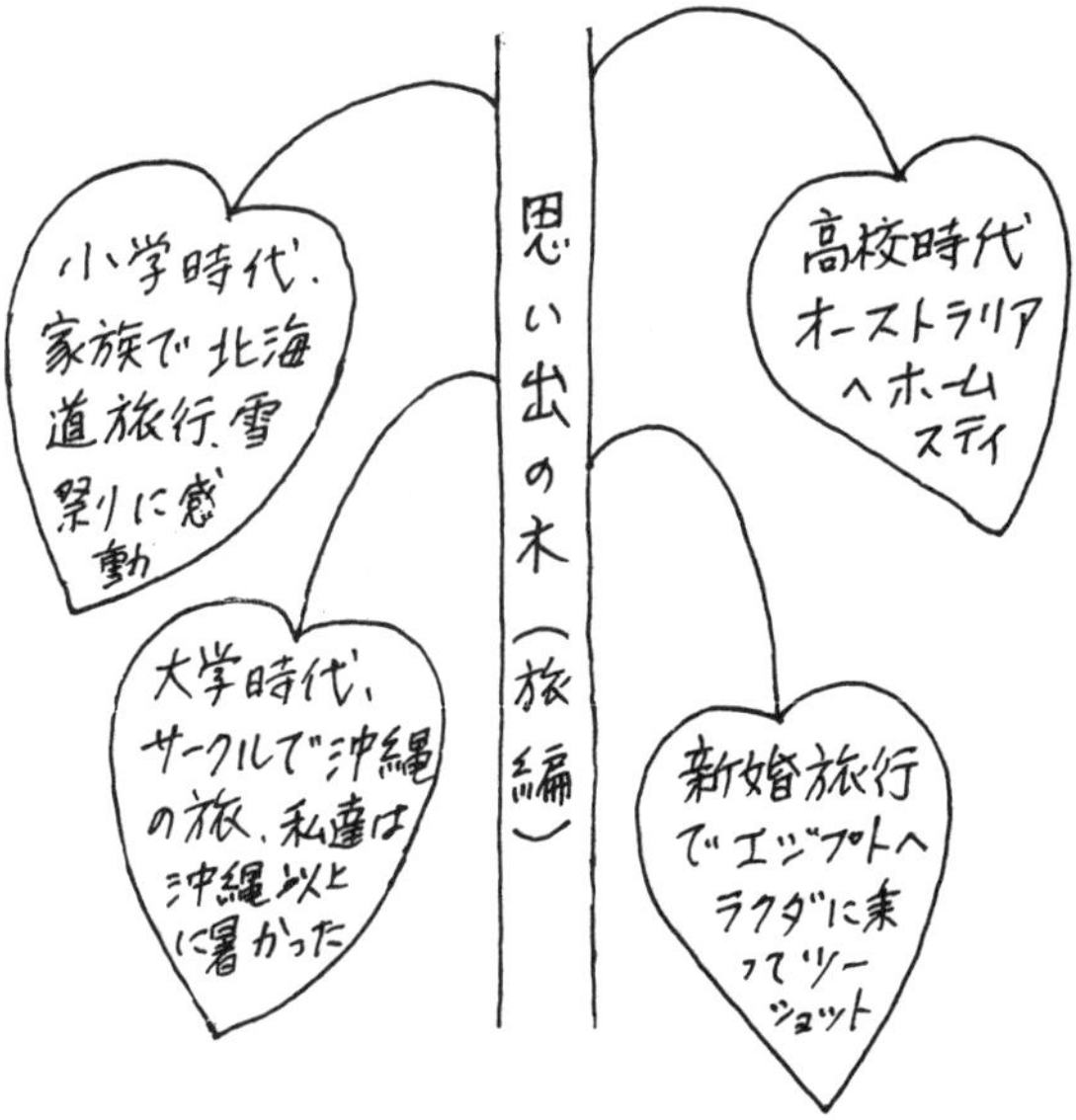
思い出の木（旅編）
小学時代、家族で北海道旅行、雪祭りに感動
高校時代オーストラリアへホームステイ
大学時代、サークルで沖縄の旅、私達は沖縄以上に暑かった
新婚旅行でエジプトへラクダに乗ってツーショット

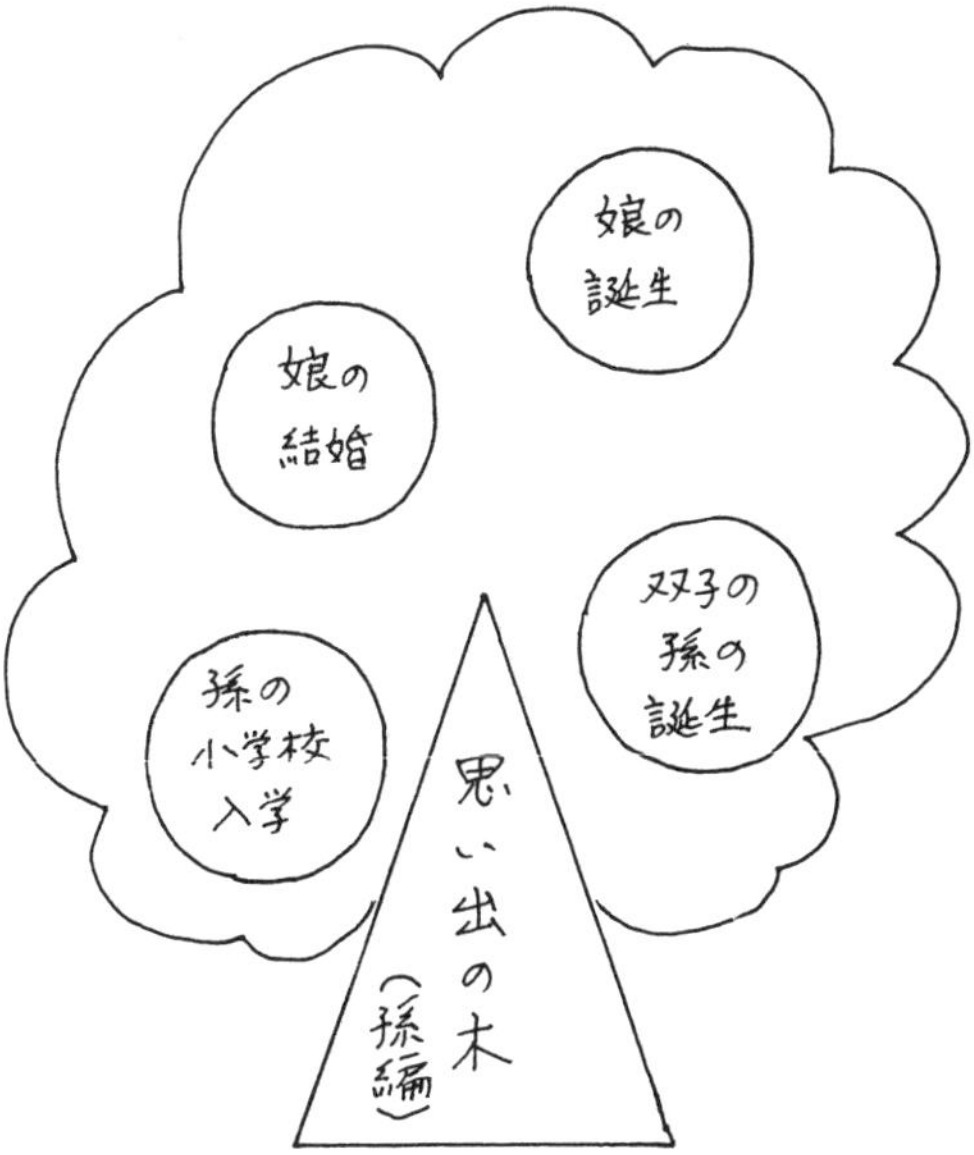
娘の誕生
娘の結婚
双子の孫の誕生
孫の小学校入学
思い出の木（孫編）

自己診断

・自然の中で育ったので、緑、山が恋しい。
・ゆっくりと、きれいな空気で、深呼吸したい。
・エネルギーがあるうちに、いろいろ行きたい。
・命についてきちんと考える機会ができた。
・自分の育てたいことを書いた木は、この木にかくことで改めてそのことに対しての思いがわいてきた。
・自分には今なにが足らないのか自分を見つめ直すきっかけとなった。

コメント

私たちは、自分が誇りに思う大きな何かと一体化するときに、安らぎを感じ、自己実現をします。「風呂敷で包んだ日本もそうでしたが、今回のように木をふくむ自然もそうです。昔の人たちは、自己実現という言葉は知らなくても、自然を崇め、自然と一体化した人間らしい暮らしをしていました。

4. おわりに

日本人は、七夕に、竹の枝に願い事をかいた短冊を飾ります。育てる木も、家庭や教室や職場に置いて、メンバーに木の葉の形にいろいろな夢を描いてもらい短冊のように吊すといいでしょう。どんな夢があり、何年か後にどれだけ育っているか想像するのも楽しみです。

思い出の木は、高齢者の福祉施設などにおくと、多くの葉でいっぱいになりそうです。楽しい思い出は自己実現したことの証です。

あとがき

平成一七年二月、放送大学で心のコミュニケーション講座をおこないました。その際、ハートセラピィ学会役員の松居仁美さんにアシスタントをお願いしました。当日の様子は、松居さんの体験レポートによく描かれていますので、ここで紹介します。

「アシスタントとして参加させて頂き、学会員として数少ない「現場」を味わえる、絶好の機会となりました。放送大学の受講生は、二〇代の若者から、現役を引退され第二の人生を歩んでいらっしゃる大先輩まで、静岡県内を中心に遠くは東京や京都から四五名の参加となりました。様々な人生経験をされている方々が多く、向学心旺盛で、真冬の最中、熱気溢れる講座が展開されました。

土日二日間の集中講座は一四〇分授業×五時限。その一日目に参加しました。テキストは「自分と出会う、生き方探し」(学文社)。昨年、私が社会人聴講生として受講させていただいた静岡県立大学での一〇〇名以上の講座とは手法を変え、各テーマごとの質問項目を少なくし、グループセッション&シェアの時間をたっぷり設け、深みのある講座となりました。

一時間目は、第五章「星の輝きで自分の存在感を確かめる」を取り上げ、グラフの縦軸に星の五段階のランクを、横軸に年齢をとり、簡易自分史を作りました。山あり谷ありの波乱万丈グラフもあれば、順調な、未来に希望が満ち溢れるグラフもあり、人生の先輩後輩間でのセッションは、過去、現在、未来の様々な経験をシェアできる貴重な機会となりました。そして、輝きのターゲットでは今の自分、未来の自分がやりたいこと、できることを再確認できました。

二時間目は、第二章「かぐや姫で自分の居場所を探す」がテーマで、異性に対する譲れない条件の次に、家族に対しての譲れない条件、希望を描きだしてみました。様々な家族構成を持つ受講生方の家庭での立場や役割が垣間見られる中、家族を思いやる優しい心の数々が発表されました。

三時間目は、番外編「死をもって生を知る」で、心に残る人物の死を取り上げることで、自己の意識の方向性が確認できました。最期に、遺書を書くところでは、多くの受講生が大切な家族への感謝の気持ちを表し、二時間目に続き、心温まる時間を共有することができました。

一四〇分（二時間二〇分）を三回というハードなスケジュールにも関わらず、毎時間熱気に包まれ、あっという間に時が過ぎ、三時間の講義が終わる頃には、受講生同士、古くからの知り合いのように打ち解けた様子で、心地良い開放感を味わっているようでした。

心理学の分野に興味を持ち、様々な場面で役立てようと、熱心に受講する方々も多く見られました。今回の講座は、難解な知識や分析方法も必要なく、すぐに持ち帰り、家庭でも職場でも、地域活動にも生かせる楽しいこころの創作療法を、そのような熱い心を持つ方々にお伝えすることができる、とても素晴らしい機会でした。

そして、この後、このこころの創作療法が、どこで、どのような形で使われていくのか、とても楽しみでもあり、また、広く伝わっていくことを思い描き、ワクワクしています。今回の放送大学の集中講座に参加できたことは、私にとっても自分再発見の場となり、かつ、様々な方々から多くの刺激や励ましをいただき、一期一会の最高の1日だったように思います。」

二日目は、松居さんは参加できませんでしたが、松居さんがレポートしてくださった内容がそのまま継続し、和気あいあいとした雰囲気の中で終了しました。最後は、この本の第八章「風呂敷で和心を包む」を取り上げ、皆さん日本の良さや日本人としての誇りに目覚め、心地良く帰路につかれたようです。後日、事務局からも、「みなさん本当に喜んでいました」というお手紙を頂戴しました。レポートを課さなかったため、受講生の反応の記録はありませんが、お一人だけお仕事の関係で一時間早く早退された方がいらして、その穴埋めとしてレポートを書いて頂いたので、最後の部分をご紹介します。

「介護に関わる方たちの現場研修会の主催者側だったため、どうしても出席しなければならず、残念でした。日頃ストレス解消と連携という目的もあって、早速学んだ技法を使い、職場に対する思いを書いてもらい、それから話し合いに入ってみました。急に話し合いといっても意見が出てこないので、書いたことを発表するという形で行いました。何をするのだろうというインパクトがあったためか、上手くいったと思います。今後、「自己覚知」のための訓練として、介護職の方々のための講座も出来たらと思いました。有り難うございました。」

これまでも幾度か文中で述べてきましたが、自己実現は、自分だけで完結するものではなく、多くの場合、自分を超えた大きくて深いものへの畏敬と一体化、他の人々との協力や連帯、そしてそうしたもろもろのことへの貢献を通じて達成されます。読者の方々が、この本で得た知識や技法を、家庭や職場や地域社会などで生かし、温かい心、優しい心の花を咲かせていただけたらと願っています。

平成一七年八月　小島　茂

著者略歴

小島　茂（こじま　しげる）

静岡県立大学教授。松蔭大学非常勤講師。一橋大学社会学部卒業後，1985年，カリフォルニア大学バークレー校で，社会学博士号取得。絵と文のシンクロをコンセプトに教育研究および創作活動を続け，自分探し，生き方探し，心の癒し，地域コミュニケーションに応用している。こころの創作療法（ハートセラピィ）学会を主宰。著書に，「人間関係の中の自己分析」（東京図書，1998），「自分と出会う、生き方探し」（学文社，2004）などがある。

email : kusanaginet@hotmail.com

自己実現・自己発見・自己表現のための　心のコミュニケーション

2005年10月15日　第一版第一刷発行

著　者　小　島　　茂
発行者　田 中 千 津 子
発行所　㈱　学　文　社

〒153-0064　東京都目黒区下目黒3－6－1
電話（03）3715－1501（代表）　振替　00130－9－98842
http://www.gakubunsha.com

乱丁・落丁は，本社にてお取替え致します。　印刷所　新灯印刷
定価は，カバー，売上カードに表示してあります。〈検印省略〉

ISBN4－7620－1462－1